伝説の鉄道記者たち

鉄道に物語を与えた人々

堤　哲
Tsutsumi Satoshi

交通新聞社新書 074

伝説の鉄道記者たち——目次

第1章　鉄道操觚者・木下立安（1866〜1953）

第4章 『国鉄物語』の門田勲(1902〜84)

第5章　レイルウェイ・ライター・種村直樹（1936〜2014）

はじめに

「鉄道畑に専門に記者が立ちいるようになったのは、鉄道の国有からであった」

「東京日日新聞」(「毎日新聞」の前身)の鉄道記者だった青木槐三《かいぞう》が書き残している。

明治期の日本の鉄道路線延長は、私鉄が官鉄の2倍半もあった。1906(明治39)年3月31日に鉄道国有法が公布され、翌1907年までの2年間に、北海道炭礦鉄道、日本鉄道、山陽鉄道、関西鉄道、九州鉄道の5大私鉄をはじめ、北から北海道鉄道、岩越《がんえつ》鉄道、北越鉄道、総武鉄道、房総鉄道、甲武鉄道、七尾鉄道、参宮鉄道、西成《にしなり》鉄道、京都鉄道、阪鶴《はんかく》鉄道、徳島鉄道の計17私鉄が買収された。

国有鉄道の路線延長は、未開業線も含め3004マイル(4833・4キロ)。機関車1118台、客車3067輌、貨車2万0884輌、職員4万8409人の巨大組織が誕生した(老川慶《おいかわよし》

喜著《のぶ》『日本鉄道史　幕末・明治篇』中公新書2014年刊）。

この巨大組織を管理・運営するため1907（明治40）年4月1日、帝国鉄道庁（初代総裁・平井晴二郎）が誕生した。翌1908年12月5日に内閣直属の鉄道院に格上げとなり、後藤新平が初代総裁となった。「国鉄一家」という言葉も生まれた。そして「鉄道院の中に、鉄道担当の記者が自然と溜まるようになった」と、青木は続ける。

日本鉄道株式会社汽車課庶務の大友文之助《ふみのすけ》は、自著『鉄道文学』（1905年刊）で「新聞社に於ける鉄道記者の必要」を訴えた。日々の新聞に鉄道の記事を見ないことはないが「鉄の知識があまりに浅薄」と嘆き、「鉄道記者なる一地位を置き、鉄道に関する該博精緻なる知識を有する者を以て、鉄道全般に関する論評記述に当たらしむる」ことを望んだ。

1972（明治5）年に鉄道が開通して30年余。鉄道専門の新聞記者はいなかったのか。鉄道の「稗田阿礼《ひえだのあれ》」青木は、こういっている。

鉄道記者の草分けは、「鉄道時報」を創刊した木下立安《りつあん》である、と。

※引用した文献などは、読みやすくするために現代文、平易な漢字、洋数字に改めたところがあります。

第1章

鉄道操觚者《ジャーナリスト》・木下立安（1866〜1953）

木下立安
（『慶応義塾出身名流列伝』より）

慶応をトップで卒業、「時事新報」入社

1888(明治21)年7月27日付け「時事新報」に、慶応義塾同年7月の卒業生39人(正科15人、別科24人)の名前入りの記事が載っている。

《正科卒業15名のうち優等の点を得たるは大嶋雅太郎、山口八左右、及び坂本易徳の3氏。別科卒業24名のうち木下立安氏は其優等なりしと云ふ》

木下立安は、トップの成績で1888(明治21)年7月、慶応義塾別科を卒業した。

慶応義塾は、福沢諭吉(1835〜1901)が江戸鉄砲洲(現在の東京都中央区明石町)に1858(安政5)年に開校した。大学部が発足するのは1890(明治23)年で、文学、理財、法律の3科が設置されるが、立安の時代は「正科」(卒業年限5年)と18歳以上の晩学者のための「別科」があった(それ以前は「本科」と「予科」)。立安が慶応義塾の門を叩いたのは満19歳の時だったから「別科」に入学したのだ。

授業は英語の原書を読むことが中心だった。「英学の素養なき者の為に科外を設け、英学の初歩を教えた」と、『慶応義塾五十年史』にある。カリキュラムで目につくのは「日本語の作文」。隔週に組み込まれている。

卒業と同時に、福沢諭吉が1882（明治15）年に創刊した「時事新報」に送り込まれる。

當夏本塾の卒業生中より、会津中田、会津野田、紀州木下、信州松村の他に、先年の卒業生伊澤を入れて、人数は俄に相増し候

福沢諭吉が、中上川《なかかみがわ》彦次郎（1854～1901）に宛てた書簡である（明治21年8月27日）。中上川は福沢の甥で、山陽鉄道の社長。前年まで「時事新報」社長だった。塾生が新聞記者に向いているかは、必修科目「作文」で判断したのだろうか。

福沢は、こう続ける。

但し是れは唯生活するまでにて、多くの金を要するにもあらず。いよいよ新聞事業に役に立ち、又本人のテーストもあらば、定めて永く入社すべく、或は他に好地位あれば去るも可なりと申、ボンヤリした約束に這入《はいり》たる者なり

「本人のテースト」。最近よく使われる表現だが、100年以上前の手紙にあることにびっくりす

る。「時事新報」でとりあえず雇ってみて、適性を判断して次のステップへ。立安と一緒に「時事新報」に入社した伊澤良立（１８６７〜１９２７）は、経済記者から三井銀行に入社する。その後、実業家として名を残している。

《福沢諭吉にとっての「時事新報」は、言論機関であるとともに、慶応義塾出身者を実業界に送り出すための社会実習の場であり、多くの社員はこの意図で採用された》

これは『福沢諭吉事典』（慶応義塾２０１０年刊）の引用だが、執筆した都倉武之は慶應義塾福澤研究センター准教授。「時事新報史」をネット上で連載している。

「時事新報」に入社した立安は「４ヶ年間、本社に、横浜出張所に、或は大阪出張所に勤務…明治25年時事新報を辞して北海道炭礦鉄道会社に入り、小樽手宮売炭所の主任となりしが、後再び時事新報に復帰して経済部を担任し、明治28年末、紀和鉄道会社に入りて其支配人となる」（『慶応義塾出身名流列伝』）。

「時事新報社員賞与記録」（明治23〜29年）に木下の名前がある。社主にあたる福沢諭吉が自ら筆をとったもので、月給や賞与は諭吉が社員に直接手渡したといわれる。

それによると、最初に木下の名前が出てくるのは、明治24年12月の20円。翌明治25年6月と12

月各20円、明治26年6月には名前がなく、同年12月26円、翌明治27年6月20円、12月40円、28年6月25円、12月20円とあって、これが最後で明治29年には消えている。

明治24年1月21日の福沢書簡（福沢捨次郎宛）に「大阪時事新報の出張所木下立安」と書かれたものがある。もう1通、大阪勤務の木下立安に宛てた福沢書簡（明治26年頃？9月3日）が存在する。

これらの資料から、木下立安は、1888（明治21）年夏「時事新報」に入社して、1895（明治28）年末に紀和鉄道支配人に就くまで「時事新報」に在籍して収入を得ていた。「明治25年に辞して北海道炭礦鉄道入り」は出向の形だったのだろうか。

北海道炭礦鉄道は、1892（明治25）年3月に初代社長・堀基《もとい》を罷免、福沢諭吉の腹心・慶応義塾出身の井上角五郎（1859〜1938）が専務取締役に就任して、実質的な経営者となる。このトップ人事に伴って木下立安も北海道へ異動したとみられる。立安は後年、北海道を訪れて井上ら当時の北海道炭礦鉄道の仲間たちと再会、慶応義塾の同窓会にも参加している。

在社中の記事を「時事新報」復刻版で探したら、1894（明治27）年10月13日付に広島で開かれる帝国議会への派遣記者として大きな活字で名前が載っていた。

日清戦争の勃発で、大本営が広島に設営され、明治天皇が大本営入りされたことから、第7臨時帝国議会は広島で召集された。立安はその取材を命じられたのである。

「臨時廣嶋出張員」の見出しで、菊池武徳、木下立安、杉山虎雄、長谷川良樹の4人の名前を掲載、広島にいる2人の記者を含め6人体制で当たり、「議場の事は一切至急電報に依りて報道せしめ、総て翌日の時事新報に登録し、議会は遠く廣嶋の地に開かるゝも時事新報の議事筆記は例年東京に開会せらるゝと毫も異なる所無かるべし」と書いている。

立安の明治27年12月の賞与が40円と、いつもより多いのも、この働きがあったからであろうか。「時事新報」に勢いがあった。菊池武徳（1867〜1946）は、その文章は「撥《ばち》捌きよき三味線弾きの如し」と福沢諭吉が評したほどで、諭吉に見込まれて社説も書いていた。立安より1つ若いが、慶応同期で、「時事新報」入社は1年早い。後述するが、立安が創刊する「鉄道時報」創刊号に論説を寄せている。

杉山虎雄は「時事新報」記者の肩書で、「時事新報」の先輩でもある前天津領事官・波多野承五郎（1858〜1929）と共著で『北支那朝鮮探検案内』（1894年刊）を出版している。

余談になるが、慶応義塾を一緒に卒業した同期生のその後――。

別科の同級生にのちの日銀総裁、大蔵大臣を務めた池田成彬《しげあき》（１８６７～１９５０）がいる。米国へ留学して、ハーバード大学を１８９５（明治28）年に卒業。「時事新報」に入社したが、月給が20円。「50円もらわなければやっていけない」と安月給に嫌気がさして退社、三井銀行へ。夫人は中上川彦次郎の長女艶子である。

正科卒業の成績トップスリー――。大嶋雅太郎（卒業名簿は「大島」となっている。１８６８～１９４８）三井銀行―三井合名理事。古書のコレクターで知られ、『源氏物語』の写本「大島本」は、最も内容が充実しているといわれる。晩年に住んだ世田谷区代沢の自宅は佐藤栄作邸から竹下登邸となった。

山口八左右《やそう》（１８６８～１９４５）山陽鉄道―上海紡績―鐘紡。副社長。

坂本易徳（紅蓮洞《ぐれんどう》、１８６６～１９２５）文芸評論家。酒好き。紅蓮洞は歌人の与謝野鉄幹が名付けた。

もうひとり「時事新報」同期入社の野田正太郎（１８６８～１９０４）は、日本人初のオスマン帝国（現トルコ）特派員となって活躍、スター記者となった。しかし、「時事新報」退社後、不祥事を起こして慶応義塾を除名されている。

１８９０（明治23）年9月16日夜、オスマン帝国の軍艦エルトゥールル号が和歌山県串本町の沖で台風に遭って座礁、587人が死亡、69人が救出された。この惨事に、新聞各紙は事故を大々的に報道するとともに、義援金を募集した。一番多く集まったのが「時事新報」で4248円97銭6厘。現在の金額に換算すると1億円近くにのぼる。2番目の「東京日日新聞」(現毎日新聞)がその10分の1ほどの430円余だから、「日本一の時事新報」は、宣伝文句だけではなかった。

日本政府は、生存者69人をオスマン帝国に送り届けるために巡洋艦2隻を出した。「時事新報」は、入社3年目の野田を巡洋艦「比叡」に同乗させた。多額の義援金を直接届けるのが目的だった。この巡洋艦には兵学校を卒業したばかりの少尉候補生が訓練のために乗船していた。その中に日露戦争の日本海海戦で連合艦隊作戦参謀として活躍する秋山真之《さねゆき》がいた。司馬遼太郎著『坂の上の雲』に登場する秋山好古《よしふる》・真之兄弟の弟である。

東洋大学社会学部の三沢伸生教授(中東社会経済史)によると、野田はオスマン帝国へ向かうまでの航海記、現地での滞在記、2年後に帰国するまでの記事を署名入りで「時事新報」に書いている。

野田は義援金を届ける仕事を終えたあと、皇帝アブデュル・ハミト2世の求めでトルコに2年間残り、陸軍大学校で日本語教師を務める。士官の中に、1923(大正12)年に「トルコ共和国」を誕生させた近代トルコの父、ムスタファ・ケマル・アタチュルクもいた。

「時事新報」にはオスマン帝国滞在記を送った。その間イスラム教に改宗し、日本人最初のイスラム教徒となった。1992（明治25）年12月に帰国の途に就き、ヨーロッパ、アメリカを回って翌1893（明治26）年に帰国した。

同年10月20日付官報に、こんな辞令が載っている。

青森縣士族　野田正太郎

土耳其國皇帝陛下ヨリ贈與シタル美治慈恵第四等勲章ヲ受領シ及ヒ佩用スルヲ允許ス

土耳其國ヨリ贈與シタル「イムチャス」銀製記章ヲ受領シ及ヒ佩用スルヲ允許ス

（以上10月12日賞勲局）

トルコの皇帝から勲章をいただいての帰国だった。凱旋帰国である。署名記事が何十本と掲載されており、マスコミに注目される有名スター記者になったことに間違いない。しかし、しばらくして「時事新報」を退職した。

その後、野田は私印私書偽造事件を2度起こして、有罪となる。慶応義塾も除名となった。

青森県八戸市は「トルコ親善に尽くした新聞記者」としてHPで紹介している。

「鉄道時報」を創刊、鉄道操觚者に

「操觚《そうこ》」は、もはや死語だが、『日本国語大辞典』（小学館）にこうある。

《「操觚」（「觚」は、四角の木札。昔、中国でこれに文字を記したことから）筆をあやつって詩文を作ること。文筆に従事すること。

「操觚者」は、文筆に従事する人。著述者、編集者、新聞・雑誌の記者など。操觚家。ジャーナリスト。》

明治政府の言論弾圧、讒謗律《ざんぼうりつ》違反で次々と捕えられる記者や編集者たち。それに屈しない操觚者たちのプライド。嶺隆著『新聞人群像—操觚者たちの闘い』（中央公論新社２００７年刊）に詳しい。嶺は毎日新聞長野支局で、筆者の３年後輩である。

「鉄道時報」は、１８９９（明治32）年1月15日大阪で創刊された。大阪鉄道協会の機関紙としてだった。19世紀末。日清戦争（１８９４～９５年）後の鉄道建設ブームに乗って、すでに民鉄の営業キロが官鉄を上回っていた。鉄道が国有化される7年ほど前である。

大阪鉄道協会は、隔月刊で機関誌「鉄道協会誌」を発行していたが、これとは別に現場の鉄道員らが読んで「利益を得、面白みを感ずる」「平易で通俗的」な情報紙の発行を望んだ。それを任されたのが木下立安だった。慶応義塾出身で、元「時事新報」記者。北海道炭礦鉄道、紀和鉄道で鉄道マンも経験した。うってつけの人材だった。当時満32歳。

少し遅れて帝国鉄道協会（現一般社団法人日本交通協会）が東京で設立され、大阪鉄道協会と合併する。「鉄道時報」は継続発行され、本拠を東京に移した。当初月3回発行の旬刊紙だったが、協会の機関紙から独立して、創刊2年後の1901（明治34）年には週刊紙化した。発行部数はかなりの数にのぼったと思われ、鉄道界への影響力も大きかった。

創刊10年を記念して『日本の鉄道論』を出版した。菊判（150×220ミリ）720ページの大部なものである。「鉄道時報」掲載の記事・論文をまとめたものだが、伊藤博文、大隈重信の「鉄道創業」演説から始まって、初代鉄道頭・井上勝「帝国鉄道の創業」、前島密「帝国鉄道の起源」、日本鉄道、山陽鉄道など私鉄の創業記、さらに鉄道国有化をめぐって論争を展開した工学博士南清（大阪鉄道協会副会長）と陸軍参謀大澤界雄《かいゆう》の論文などが収められている。

「祝宴は一時の盛也、書冊は永久の光明」「華を捨て実を取り」この出版になったと木下立安は書いている。「非売品」として、お祝いで配った。鉄道史を研究する学者らにとって貴重な文献だが、ありがたいことに国立国会図書館のデジタル資料となっていて、自宅に居ながらにしてパソコンで読める。

関東大震災では歌舞伎座前の社屋が焼失した。「鉄道時報」は休刊することなく発行を続けた。しかし、戦時中の新聞統制による専門紙・業界紙一本化で廃刊に追い込まれる。

創刊から44年余。国立国会図書館に残された新聞資料は、1942（昭和17）年12月26日発行の第2239号が最後だが、発行人木下立安の弟武之助（1875〜1957、ロングセラー本『鉄道曲線測量表』の著者）は「終刊号は1943（昭和18）年2月の2346号。『時報死すとも時報局は死せず』と書いた」と、無念の思いを綴っている（「土木技術」、1943年7月発行）。

兄弟が四十年餘りいそしみし
ふでの勲をしのぶけふかな

鉄道関係者は廃刊を惜しんだ。帝国鉄道協会の長老会員が発起人になって、木下立安・武之助兄弟への感謝と慰労の会を開いた。立安76歳、武之助67歳。参会者は92人にのぼった。帝国鉄道協会第8代会長で元満鉄総裁（理事長）の国澤新兵衛（78歳）をはじめ、のちに東海道新幹線をつくった島秀雄の父安次郎（72歳）、元国鉄技師長・鉄建公団（特殊法人日本建設公団、現独立法人鉄道・運輸機構）総裁岡田宏の祖父竹五郎（75歳）らの名前が見える。そのかなりが、鉄道１００年で発行された『鉄道先人録』（日本交通協会編１９７２年刊）で紹介されている鉄道界のトップだ。

終刊を悼む歌は、新元《にいもと》鹿之助（72歳）が寄せた。新元は、東京帝大工科大学（現東京大学工学部）土木学科卒の技術屋で、台湾の鉄道建設に功績を残した、と同先人録にある。

新聞統制による一本化で１９４３（昭和18）年４月、「陸輪新報」（発行元は財団法人陸運協力会、現公益財団法人交通協力会）が創刊された。「陸輪新報」は戦後「交通新聞」と題字を変えて発行が続いている。「鉄道時報」は「交通新聞」のルーツでもあるわけだ。

鉄道省が鉄道50年を記念して１９２１（大正10）年に発行した『日本鉄道史』は、私設事業で鉄道の進歩に貢献した３つのうちのひとつに、岩倉鉄道学校（１８９７年創立、現私立岩倉高等学校）、帝国鉄道協会（１８９９年設立）とともに「鉄道時報」をあげている。

『鉄道――明治創業回顧談』（築地書館１９８１年刊）の著者沢和哉は、そのあとがきで「お雇外国人に丁髷《ちょんまげ》をひっぱられながら、仕事をさせられたとかいった鉄道創業時代の話は、単なる話としては聞いたこともあったが、当時の生きた資料として残っているものは数少ない。いや、ほかには無いといってもよいのではないだろうか」と述べているが、掲載した回顧談の大半は「鉄道時報」から引いている。

『鉄道先人録』の序文でも《「鉄道時報」がなかったら、完成は至難であった》と、木下立安の個人名をあげて、謝意を述べている。

「鉄道時報」は、日本の鉄道史の第一級資料で、創刊号から17私鉄の国有化が完了した1907(明治40)年までの9年分が復刻版として発行された(八朔社1997~98年刊)。老川慶喜立教大学教授は、この復刻版に《「鉄道時報」解題》を寄せているが、その「おわりに」で《「鉄道時報」は、これまでにも一部の鉄道史研究者の間では注目を浴びていたが、すべてを漏れなく所蔵している機関はなく、体系的な利用には不便であった。今回の完全復刻によって、「鉄道時報」が多くの日本近代史研究者に利用され、鉄道史研究はもとより経済史・経営史、あるいは技術史研究が一層進展することを期待したい》と書いている。

「鉄道時報」創刊号

前置きが長くなった。「鉄道時報」創刊号の題字は、隷書体で墨痕鮮やかだ。その周りを各鉄道会社のロゴマークが囲む。題字上の中央に官営鉄道の「工」、その右隣に日本鉄道、山陽鉄道、北海道炭礦鉄道。「工」の左側は九州鉄道、関西鉄道、京都鉄道。全部で40ある。のちに私鉄の社章ロゴは56個までに増えるが、それは先の話である。

タブロイド判。フロントページ上部に横文字で「THE　RAILWAY　TIMES」。その下に「OSAKA，JANUARY　15，1899」と発行場所と日付が入っている。

題字脇の欄外に「本紙16ページ定価4銭」。タブロイド判。月3回発行の旬刊紙。「日本唯一の鉄道専門雑誌」をうたい、「鉄道界の写真鏡」「鉄道職員、株主、商人、其他何人も必読すべき好雑誌なり」とPRしている。

左側の欄外にも宣伝文句が2つ。「本紙には全国各鉄道の詳細なる時間表あり。鉄道乗客に最も便利なり」。当時は「時刻表」ではなく「時間表」である。創刊号の付録に、全国鉄道の時刻表を付けた、と木下立安がのちに書いている。

もうひとつ。「本紙は全国各停車場にて販売するを以て、広告の効能最も多し」

題字脇に「本紙目録」、目次が簡単に載っている以外は、全て広告だ。新聞の1面、フロントページを広告で埋めるのは、1882（明治15）年に福沢諭吉が創刊した「時事新報」の、1887（明治20）年1月元旦号に始まる。「東京日日新聞」（「毎日新聞」の前身、1872〈明治5〉年創刊で、現存する日刊紙で最も古い歴史を持つ）の1面全面広告開放は明治29年6月、「東京朝

「鉄道時報」創刊号の1面、1899（明治32）年1月15日

日新聞」が同38年1月からだった、と鈴木隆敏著『新聞人福澤諭吉に学ぶ』(産経新聞出版2009年刊)にある。

「時事新報」も復刻版が発行されている。国会図書館で明治時代の新聞を見ると、ブランケット判とタブロイド判という紙面の大きさに違いはあるが、紙面体裁・内容は、「鉄道時報」と「時事新報」とは、そっくりウリふたつである。つまり「鉄道時報」が「時事新報」をお手本にしたということだ。

「鉄道時報」創刊号16ページのうち1面をはじめ5ページが全面広告。記事面は4段に仕切り、活字でびっしり埋まっている。「論説」「講演」「訪問録」「時事」「時評」「外報」「技術一般」「人事」などとケイで囲っているだけで、大きな見出しはない。

「時事新報」の創刊号(1882〈明治15〉年3月1日)の題字は、横1段ぶちぬきだが、その後、タテ位置の題字に変わった。記事面はブランケット判を5段に仕切り、「時事新報」「官報」「宮廷録事」「気象」などのくくりで、記事を組み込んでいる。見出しや写真がない。「活字がびっしり」の印象だ。

「鉄道時報」発刊の趣旨は、3面に載っている。「今や鉄道は3310哩《マイル》余の長に達し、鉄道会社の数66、資本金額2億6186万9381円。之に従事する職員4万2595人の多きに至る」

と鉄道会社の隆盛をうたい、「鉄道の事項を報道する専門の機関なきは一大欠点と謂ふべし」と、鉄道専門紙の必要性を訴えている。

「鉄道会社には相互の連絡を滑かにする中央停車場」

「鉄道当務者には代弁人・参考人」

「鉄道を学ばんとする者には指導者」

「乗客には案内者」

「鉄道商人には紹介者」

「鉄道株主には一種の興信所」

「世間に対しては鉄道の写真鏡、鉄道に関する世論のある所を知らしめん」

と、その便益をうたい、正確綿密に鉄道報道をすることを誓っている。

発刊の祝辞を大阪鉄道協会正会員、法学士、小幡三郎が述べているが、その中に「国家は人体なり、鉄道は血管なり、運輸事業は血管の循環なり。今や血管は結節し、血液の運行を妨げんとす」とある。

民鉄が官鉄の営業距離を超えたのは、1890（明治23）年度である。「鉄道時報」創刊の1899年度には、官鉄832マイル72チェーン（1340キロ）に対し民鉄2802マイル49チェーン（4509キロ）。3倍以上の差になっている。

「論説」は「鉄道国有の可否」。筆者は、菊池武徳（1867〜1946）。当時31歳。九州鉄道総務課長だが、元「時事新報」記者。福沢諭吉に見込まれて社説も書いていた。陸奥弘前藩出身で、18歳で上京して早稲田大学の前身東京専門学校で英語、政治学を学んだあと、1886（明治19）年慶応義塾に入り、翌1887年に卒業して「時事新報」記者となった。「文章の豪健鋭利なる。在塾中巳《すで》に出色の誉あり」（『慶応義塾出身名流列伝』）。のち衆議院議員。

前文にこうある。《本問題は今正に世上の耳目を惹きつつあるに依り「Pros & Cons」に記載せる可否双方の論点を訳して読者の参考に供す》

英国などの鉄道雑誌にあった「Pros & Cons」（賛否両論、良いところ悪いところ）を翻訳して、分かりやすく紹介した。可否それぞれ14項目を列挙しているが、「可」の最初は「鉄道は自然に独占事業たらざるを得ず、競争は利あるが英国、米国で共潰れに帰せざるはなし」である。「否」のトップは「競争のあるところ、私鉄のあるところには必ず乗客の快楽、速力の高度、運賃低廉あるを見る可し」で、2番目に「働き無能にして運賃の高きことを、人皆、欧州大陸の国有鉄道の如しと云ふに非ずや」とある。

鉄道国有化、是か非か。木下立安が旧知で大阪鉄道協会の評議員でもあった菊池に執筆を依頼したと思われる。

「論説」のもうひとつは、「遠距離の乗客賃金を大いに低減すべし」。紙面ではW・F生とあるが、筆者は山陽鉄道運輸課長の西野恵之助（1864〜1945）と、木下立安がのちに明かしている。当時34歳。西野も菊池と同じ1887（明治20）年慶応義塾卒。山陽鉄道の設立に合わせて慶応義塾2年先輩の井田清三（山陽鉄道会計課長、のち麒麟麦酒専務）らとともに、福沢諭吉に送りこまれた人材のひとりだ。

神戸―馬関（現下関）間530キロが全通したのは1901（明治34）年だが、慶応義塾先輩の専務・牛場卓蔵（のち社長、大阪鉄道協会会長、1850〜1922）とともに赤帽や列車ボーイを新設、回数券や団体割引、学童の通学定期などを発売、主要駅で駅弁の販売、急行列車をつくり、食堂車や寝台車の連結など旅客サービス向上に努めた。

西野は1906（明治39）年に山陽鉄道が国有化されると、あっさり退職した。福沢諭吉の門下生である三菱の荘田平五郎（1847〜1922）の推薦で帝国劇場の専務となり、渋沢栄一会長（1840〜1931）のもとでルネサンス様式の白亜の殿堂をつくり上げた。1911（明治44）年3月に「内外朝野の貴顕紳士淑女2千人余」を招待して華やかに開場式を行った。4階まですべていす席で、座席での飲食・喫煙を禁止した。現在なら当たり前だが、当時は「カネを払って見に来ているのに」という反発が強かった。芝居見物といえば、桟敷に座って酒食を楽しみながらという時代。ヨーロッパにある大劇場を都心の真ん中皇居前に出現させたのだ。

支配人山本久三郎（１８７４〜１９６０）も慶応義塾出身。北海道炭礦鉄道から山陽鉄道の船車連絡掛などを経て帝劇に入り、実業界出身の西野・山本コンビが観劇制度を改革した（嶺隆著『帝国劇場開幕』中公新書１９９６年刊）。

この初代帝劇は関東大震災で焼失してしまうが、西野はオープン１年後には退職して、欧米を視察旅行。そのあと東京海上保険（現東京海上日動火災保険）に入って、火災保険や自動車保険を創設した。さらに日本橋の白木屋呉服店（のちの東急百貨店日本橋店、現在は閉店）の社長として、数々のアイデア商法で客を呼び込み、「今日は帝劇、明日は三越」の三越呉服店に対抗した。「経営発案の天才」「創業の偉才」などと人物紹介記事にある。

余談になるが、帝国劇場取締役の手塚猛昌《まさたけ》（１８５３〜１９３２）は、鉄道の時刻表を最初に発売した「時刻表の父」である。ＪＲ山陰本線須佐駅（山口県萩市）の駅前に顕彰碑が建っている。１８９４（明治27）年10月に庚寅新誌社《こういんしんししゃ》が発行した『汽車汽船旅行案内』である。専務取締役西野の11歳年上。妻子を故郷に残して「而立《じりつ》の年を過ぐること3年」、つまり数え33歳で慶応義塾に入った「老書生」だった。１８８９（明治22）年に卒業して、福沢諭吉の勧めで庚寅新誌社を興した。時刻表の出版も諭吉のアイデアだったといわれる。時刻表を出した年の5月に『慶應義塾之学風』（定価16銭）を庚寅新誌社から刊行している。

手塚は、1905（明治38）年に設立された東洋印刷の社長となり、1907（明治40）年2月の帝国劇場設立総会で、取締役に選任された。

立安も時刻表を発行している。1901（明治34）年6月、交益社が創刊した『最新時間表・旅行あんない』だ（のちに『鉄道船舶旅行案内』に改題）。1907（明治40）年に博文館が『鉄道汽船旅行案内』を出し、時刻表ビジネスは3社が競合した。1915（大正4）年に一本化、3社合同で『公認汽車汽船旅行案内』を発行した。表紙に3本の松がデザインされていることから「三本松の時刻表」と呼ばれたという。

「鉄道時報」創刊号紙面に戻って、「論説」のほかにも「時事」欄に「鉄道国有問題彙報《いほう》」の小見出しをつけて鉄道国有化問題を詳報している。

《鉄道国有論の気焔軍人社会に燃ゆるや久し。株式市場の不景気を憂ふる株屋連中、之に和し政客の一部之に左袒《さたん》（注・味方にするという意味）し、板垣伯一たび之を唱導して憲政党の多数を動かし、山縣内閣と携提するの一条件と聞きたるが関係ある議論事実を蒐集すること左の如し》

と、1ページ半にわたって、国会での動きを追っている。

1ページ4段。1段に一番小さい活字だと、1行23字×50行。1ページに4600字が詰まっている勘定だ。400字詰めの原稿用紙11枚余、とんでもない情報量である。

ほかに「官設鉄道彙報」「私設鉄道彙報」には日本鉄道、山陽鉄道、関西鉄道、九州鉄道、中国鉄道など全国の鉄道会社の情報。「外報」欄には韓国、満州、インドシナやアメリカの鉄道情報を掲載している。

記事の最終13面（14～16面は全面広告）には「会話」欄。鉄道に従事する者に英会話の必要性を説き、連載第1回。創刊号では数字の1から1億までの単語を並べている。

11面に発行人木下立安の署名記事がある。「木寺則好氏を悼む」。木寺則好（1852～1899）は、お雇い外国人とともに「チョン髷を結い、ポールを持った」初期の鉄道建設技師。立安が紀和鉄道の支配人をしているときの技術課長だった（『日本鉄道史』中編）。

1面題字下にある奥付には、「発行兼編輯人金森金二郎、印刷人入澤京太郎」とあって、木下立安の名前はない。創刊号は「たった5人で、編集も事務も広告も遣った」、金森については「元鉄道新聞にいて、多少経験があってよかろうで雇い入れた」と、立安は書いている。この金森が悪徳記者で、廃刊届を勝手に出して、保証金500円を騙し取ろうとしたのだという。結局「百円以内の金をネダラレ、小生は一時箪笥・長持まで差押へられた」と立安。

このゴタゴタが片付いて、木下立安が編集兼発行人に名前を出すのは、1899（明治32）年3月15日発行の第7号からである。

大阪鉄道協会と帝国鉄道協会

大阪鉄道協会は、1898（明治31）年4月3日に設立された。発足時の役員は、会長・牛場卓蔵（山陽鉄道専務）、副会長・南清（阪鶴鉄道社長）、白石直治（関西鉄道社長）。協会づくりに一番熱心だった村上享一（九州・豊州鉄道技師長）は幹事になっている。

隔月刊の「鉄道協会誌」とは別に、「鉄道に関する時事を登載」「多数の会員に日常便益となる事項を網羅する」機関紙を発行することをその年の11月に決めた。

「鉄道思想ノ普及及発達ヲ図リ時々ノ事項ヲ詳悉シ以テ円満ニ本会設立ノ目的ヲ達セン為本会内ニ鉄道時報局ヲ設ケ」

「発兌ノ事務ハ総テ木下立安君に一任スル」

翌12月の常議員会で、「鉄道時報」の会員配布と、その費用として毎月150円以内の補助、不足した場合は協議する、と決めた。

常議員会のメンバーは、先に記した会長・2人の副会長・幹事の他、慶応義塾の先輩に主計・井田清三（1885〈明治18〉年卒、山陽鉄道会計課長）、西野恵之助（1887〈明治20〉年卒、山陽鉄道運輸課長）、三本武重（1887〈明治20〉年卒、鉄道作業局神戸運輸所長・元時事新報記者）。さらに南や村上と大阪鉄道協会づくりに努めた速水太郎（阪鶴鉄道庶務兼運輸課長）や伴直之助（京都鉄道支配人）らがいた。

会長の牛場卓蔵（1850～1922）は慶応義塾に卒業制度が設けられ、1874（明治7）年に初めて卒業した7人のひとり。「時事新報」の先輩でもある。創刊号で論説を書いた菊池武徳（1887〈明治20〉年卒、九州鉄道総務課長）も評議員から常議員に名を連ねている。

「鉄道時報」発刊を任された木下立安は、こう述べている。「当時紀和鉄道を辞し閑散の身であった小生に旧友氏より、遣って見ないかと云ふ勧告があった。小生も予てより鉄道界に是非此種の雑誌が必要であると感じて居た」

旧友氏は、いずれも慶応義塾の先輩で、「時事新報」OBの牛場卓蔵や菊池武徳か、西野恵之助、井田清三のいずれかであろう。

立安は後年、こうもいっている。「元来鉄道を経営し実務に従事する希望を持ち、微力ながら斯業に進出し貢献すべく念じたるも、ゆくりなく本紙の経営をまかされ」た、と（「鉄道時報」創刊

40年、1938〈昭和13〉年10月29日号)。

新聞経営は本意でなかったと明かしているが、紀和鉄道の支配人を辞めて浪人の身。とりあえず経費の心配がないのだから、引き受けるのも当然だった。

鉄道時報局は、大阪市北区若松町（現西天満1丁目）にあった大阪鉄道協会の別棟、鉄道工務所の裏2階の一室が充てられた。2代目を新築中の大阪控訴院を窓から見ながら、連日遅くまで作業をした。同控訴院は翌年完成したが、10年後に火災で焼失した。現在は大阪高等・地方・簡易裁判所合同庁舎が建っている。大阪の中心部、大阪市役所などのある中之島と堂島川を隔てた北側である。

鉄道工務所は、大阪鉄道協会副会長南清（1856～1904）、同幹事の村上享一（1866～1906）がつくった鉄道建設コンサルタント会社だ。南は工部大学校の1期生で東海道線の測量に携わり、英国グラスゴー大学に留学、その後山陽鉄道技師長を1890（明治23）年から1896（同29）年まで務めた。『鉄道経営の方針』などの著作があり、鉄道政策の理論家でもあった。村上は1888（明治21）年7月に東京帝国大学工科大学（現東京大学工学部）を卒業して山陽鉄道に入り、南の薫陶を受けた。

大阪に先をこされた東京方では、1898（明治31）年11月に「帝国鉄道協会」を設立した。

初代会長は川上操六（陸軍大将）。日本の鉄道をつくった伊藤博文、大隈重信、井上勝の3人を名誉会員に据えた。井上勝は陸軍大将児玉源太郎の後の第3代会長、大隈重信は第5代会長に就いている。翌1899（明治32）年9月、大阪鉄道協会と合併、大阪の正会員257人、準会員1218人の計1475人をそのまま引き継ぎ、会員数は2205人にのぼった。

「帝国鉄道協会」は、一般社団法人「日本交通協会」と名前を変えてJR山手線有楽町駅前の新国際ビル9階に現存する。現会長は第26代竹田正興（1963〈昭和38〉年国鉄入社、元国土交通省運輸審議会会長）、会報は「汎交通」として発行され、大阪鉄道協会の第1回総会から始まった講演会は、現在も月2回定例的に開かれている。

「鉄道時報」は、編集局を東京に移した。1899（明治32）年9月25日発行の第26号1面で「移転広告」を載せた。移転先は東京市京橋区南紺屋町27番地（現中央区銀座1丁目）の借家。1年後の1900（明治33）年7月に歌舞伎座の正面前に新築移転している。住所は京橋区采女町17番地。「鉄道時報」第54号には「社告」が掲載され、「事務所移転と同時に電話を架設致し候」とある。それまで専用電話はなかったのか。

この歌舞伎座前の社屋は、1923（大正12）年9月1日の関東大震災で焼失する。「鉄道時報」第1250号は、この日に発行される予定で印刷を終えていた。しかし、印刷所で水をかぶるな

歌舞伎座前に新築の鉄道時報局
（「鉄道時報」1901年4月6日号）

どで汚損したため、配られなかった。
だが、休刊することなく、1週間後の9月8日に第1250号を再度発行、震災の被害状況を詳報した。
「鉄道の応急工事――不眠不休の活動」
神戸、門司、名古屋などの応援で1万5、6000人が不眠不休で復旧作業にあたっているという記事の他、東海道線をはじめ各線区の開通見込み情報を掲載している。

9月15日付の第1251号は、1面トップの論説で「鉄道職員の発揮した義勇奉公の大精神は特筆に値する」「18万職員の発揮した共同一致、相互扶助の精神は、涙ぐましいほどに心ある人々に感銘を与えた」と鉄道マン魂を賞賛した。

鉄道省も全焼して、木造2階建ての新庁舎を急造しているという記事と同時に、鉄道関係者の安否情報を掲載。「家は焼失したが家族は無事」など、個人の「罹災広告」を募集した。「広告料11字詰6行　金3円」とある。

震災後、鉄道時報局の本社は神田駅のガード下に移り、戦時中の企業整備令に伴って、社名を「理工図書株式会社」に改めた。戦後飯田橋に移転し、5代目柴山斐呂子社長になって、現在の千代田区一番町のビルに移った。

躍進する「鉄道時報」

「鉄道時報」は、何部発行していたのだろうか。1周年記念の第37号（1900〈明治33〉年1月15日）に木下立安はこう書いている。

「本紙は幸ひ時勢の必要に投じたる為か、その発兌《はつだ》部数の如き月を追ふて倍々増加し前途愈々好望の域に達するを得たる」

月を追って倍々増加とあるが、具体的な発行部数は明らかにしていない。

「鉄道時報」第46号（同年4月15日）に、英国の"The Railway Times"が3月3日付で「鉄道時報」を紹介したという記事を載せている。英文の記事の中に発行部数は2万部とある。記者の取材に立安が答えた数字であろう。

帝国鉄道協会の1899年度の会計報告に、「鉄道時報」への補助金が1116円72銭（部数5万5836部）と載っている。1部2銭。定価の半額だ。1年間の発行回数は、1ヵ月3回×12

だから、36で割ると、1回あたり平均1551部が買い上げ部数となる。

帝国鉄道協会の会員が約2000人いるのに、ちょっと少ない気がする。鉄道会社に職員は全国で4万人を超えており、それと一般読者がどれだけ買ったか。

発行部数2万部は、ご祝儀相場の気がするので1万部前後が妥当か。

歌舞伎座前の社屋を購入するとき、手付金を払う金がなかった。帝国鉄道協会の経理担当者に知恵をつけられ、6円を払えば「鉄道時報」が生涯送付される特別賛助員350人を募集した。半年ほどで目標を達成して、事務所新築移転と同じ紙面に特別賛助員締切の社告が出ている。350人×6円で、2100円を得たことになる。大金である。

事務所を歌舞伎座前に移転した1900（明治32）年9月に『帝国鉄道要鑑』を創刊した。上中下の3編から成り、上編は鉄道局、鉄道作業局の官鉄と各私鉄の職員録、中編は逓信省官制をはじめ鉄道法令集、下編は開業路線一覧表や事故、営業収支などの統計。欧米で出版されているイヤーブック（年報）とダイレクトリー（人名録）を兼備したもので、「四六判（188×130ミリ）700頁余、定価1円50銭」と、「鉄道時報」に掲載した広告にある。

時刻表を別会社の交益社から創刊したのが翌1901年6月、7月に弟武之助の『鉄道曲線測量法』、1902年には鉄道員の手帳「鉄道懐中日記」、1905年9月『鉄道員必携実用鉄道英会話』を出版するなど、鉄道書専門の出版社として事業を拡大した。

戦時中には、鉄道時報局内に「日記部」を設けて、鉄道日記ばかりか、電気、機械、土木、建築、鉱山、化学、自動車、保線現業、運輸現業、運転現業、検車現業、電気現業など15種類の手帳を発売している。

関東大震災に見舞われる前の会社役員録が残っている。

代表取締役　木下　立安
取締役　木下　欽（立安夫人）
　　　　木下武之助（立安の弟）
　　　　木下　亀代（武之助夫人）
　　　　今川宇一郎（主筆）
監査役　海老名吉太郎

設立大正8（1919）年10月、資本金15万円とある（商業興信所刊『日本全国諸会社役員録』第32回）。

取締役今川宇一郎は、木下立安の後を継いだ主筆。1916（大正5）年2月入社、1939（昭和14）年1月13日、58歳で亡くなるまで、23年にわたり論説を書き続けた。

木下武之助

今川宇一郎

「嗚呼、君は斯界の操觚者として、一生を鉄道に捧げたり」と、立安は弔辞でその死を悼んだ。

譫言《うわごと》に昂じていづるその言葉
家事にはふれず鉄道をいへる
立安は、今川が「鉄道時報」に執筆した論説などをまとめた遺稿集『鉄道論評集』を出版した。

立安の大井町の自宅は「戸越御殿」と呼ばれた。敷地2千坪。大きな池があったのか。のちに第7代慶応義塾塾長となる小泉信三(1888~1966)は、この屋敷で釣りをしたことを、1911(明治44)年10月7日(当時23歳)の日記に書いている。

「目の下尺に余る鯉、頻々として鈎にかかる。川の堤には薄の穂。午後の日に光れり。水に映える雲の色。小春日和の快よき日光」=『青年小泉信三の日記』(慶応義塾大学出版会)。

「立安さんにお子さんはなく、養子(昭和元年生まれ)の方に昔の写真を見せていただいたことがありますが、園遊会みたいな写真がいっぱいありましたよ」と、「鉄道時報」の題字を引き継いでいる理工図書株式会社の柴山斐呂子社長はいう。

昭和3年版『現代紳士録』(中央探偵局編)は各人の紹介のあとに、信用程度のランクが載っている。「い」は1000万円以上、「ろ」が500万円、「は」が250万円……とあるが、立安は6番目の「へ」で、40万円と格付けされている。ちなみに千代田生命初代社長の門野幾之助(1

856〜1938、経営危機に陥った「時事新報」社長・会長も務めた)、元日本商工会議所会頭の門野重九郎(1867〜1958)兄弟や、王子製紙社長の藤原銀次郎(1869〜1960)は「い」がついている。

紀州―慶応義塾―時事新報

木下立安は、和歌山県の北東部、伊都《いと》郡中飯降《なかいぶり》村(現かつらぎ町)で1866(慶応2)年12月7日(太陽暦)に生まれた。父木下宣安。2男2女の長男だった。「紀伊国高野山麓なる医家に生る。幼時郷里の私学校に漢学及び英語を学び又京都に出でて石津灌園氏の塾に学びし事あり」と『慶応義塾出身名流列伝』に紹介されている。

慶応義塾に入ったのが、1886(明治19)年5月19日。立安が鉄道操觚者として名を残した背景に、福沢諭吉の慶応義塾人脈があったことは、これまで見てきたことで明らかだ。とりわけ郷里の紀州和歌山藩は諭吉と結びつきが深かった。

福沢諭吉は、1858(安政5)年、江戸鉄砲洲の中津藩中屋敷内(現在の東京都中央区明石町、聖路加国際病院のあたり)に蘭学塾を開いた。これが慶応義塾のはじまりであることはすでに述べた。

和歌山藩は、子弟の教育に熱心で、福沢諭吉をお抱えにしようとしたほど。それは実現しなかったが、優秀な藩士の子弟を諭吉のもとに送り込んだ。屋敷内に20坪ほどの「紀州塾」を新築した。立安が生まれた1866（慶応2）年には9人の若者を、すでに蘭学塾から英語塾に変わっていた諭吉の塾に送り込んでいる。

松山棟庵《とうあん》（1839〜1919）は医学部につながる医学所校長。のちに東京慈恵会医科大学を創立した。

和田義郎（1840〜82）は慶應幼稚舎の初代舎長。

小川駒橘《こまきつ》（1844〜1922、ノーベル物理学賞受賞者の湯川秀樹は孫）は教育者から1880（明治13）年横浜正金銀行の設立に伴い抵当係長。以来21年間その職にあった。

草郷《そうごう》清四郎（1846〜1924）は塾監を務めた。小田原電気鉄道（現箱根登山鉄道）社長時代、箱根湯本─強羅間の登山電車（1919年）、強羅─早雲山間のケーブルカー（1921年）をつくりあげた。

小泉信吉《のぶきち》（1849〜94）は塾長制度ができて第2代塾長。『アメリカン・デベーション』という原書を諭吉に持ち込み、「演説」と「討論」が日本語になった、と小島直記著『福沢山脈』（河出書房1967年刊）にある。息子の信三（1888〜1966）も第7代塾長を務めた。

小杉恒太郎は東京女子師範学校（後のお茶の水女子大学）の初代校長。それ以後に「入社」した和歌山藩出身者も多彩である。

森下岩楠《いわくす》（1852～1917）は1873（明治6）年に卒業して、そのまま教員として残り、1876（明治9）年9月から翌年12月まで1年余塾長を務め、諭吉を補佐した。岩崎彌太郎を説得して1878（明治11）年三菱商業学校を開校して校長、大隈重信大蔵卿のもとで書記官を務めたが、「明治14年の政変」で辞職。1882（明治15）年「時事新報」創刊で編集・営業の両面で諭吉を支えた。ユニークなのは、1896（明治29）年2月に新設された東京興信所の所長に招かれたこと。興信所は日本で初めて大阪にできた。慶応義塾出身の元日銀初代大阪支店長・外山脩造《しゅうぞう》（1842～1916）が始めたもので、信用調査という業務は全くの新規事業。森下はアメリカの興信所とも連絡をとって、業務拡大につとめた。

1872（明治5）年に入塾の三宅米吉（1860～1929）も教育者で、考古学会会長、東京高等師範学校（現筑波大学）校長、東京帝室博物館（現東京国立博物館）総長を務めた。

1874（明治7）年入塾の鎌田栄吉（1857～1934）は第4代塾長。1898（明治31）年から1922（大正11）年まで24年間にわたって塾長を務めた。最長記録である。慶応義塾に「塾長の制度が明確に規程化されたのは1881（明治14）年以後のこと」（慶應義塾大学HP）だが、塾長が小泉信吉・信三親子と鎌田栄吉の3人。それ以前の森下岩楠を含めて塾長を4人も生んだ都道府県は、東京を除いて他にない。木下立安も紀州人脈の中で活躍の場を広げていったに違いない。それに文章が書けて、取材力や実行力を備えた「時事新報」の操觚者たちのネットワークに立安自身が加わる。

◇

「時事新報」は、1882（明治15）年3月1日に創刊された。「明治14年の政変」が創刊のきっかけとなった。

時事新報

「時事新報」創刊号の1面
1882（明治15）年3月1日付

大隈重信の証言が残っている。聞き手は福沢諭吉の「社説筆記記者」だった高橋義雄（1861～1937）だ。以下は『福沢先生を語る―諸名士の直話』（岩波書店1934年刊）から。

《福沢先生は、深切で且つ注意深い人で、吾輩などのような、乱暴な遣り口を非常に危険がって、度々忠告をされた事がありま

す。併しながら明治14年の国会開設計画に就いては、非常なる勇気で賛成されました》

大隈は、伊藤博文、井上馨らと国会開設を図り、福沢諭吉には新聞を発行して世論喚起を頼んだ。

《伊藤、井上等と一緒に相談した時、吾輩は福沢先生に、内閣へ出て貰って、改革をやりたいと云った処が、先生は之を拒み、乃公は政治に与る事は出来ぬ、政治は乃公の長所ではないから、夫れはお前達が遣るが宜い、併し乃公は国論を喚起する先棒と為り、向鉢巻で一生懸命にお前達を助けるから、お前達も一生懸命になって、改革に着手したら宜かろうと云ふような話であった》

「向鉢巻」が泣かせる。ところが《吾輩が福沢と謀叛を企てたと云う噂が立ち》、御前会議で唐突に大隈が罷免される。1881（明治14）年10月11日だった。

大隈43歳、福沢46歳。

翌12日、大隈免官に反対する小野梓、矢野文雄、犬養毅、尾崎行雄、中上川彦次郎らが官職を辞任する。

翌1882（明治15）年3月1日福沢が「時事新報」創刊。中上川彦次郎社長。

4月16日立憲改進党結党式。大隈総理（党首）、小野梓、矢野文雄、犬養毅、尾崎行雄ら参加。

10月21日東京専門学校開校式。創立者大隈重信は出席せずに、小野梓が「学問の独立」を宣言した。福沢諭吉は開校式に出席している。

《福沢先生の如きは、自分の学問を人に伝へると云う教育の仕方であるが、吾輩は自分に学問がないから学者を集めて生徒を教育させて見たいと云う訳で、詰り学校を興して教育を楽むと云う点に至っては同一である》

大隈は、早稲田に買ってあった土地7万坪のうち半分3万5000坪を学校用地に割いた。「先生は酒が強く食事が長い」「膳を片付けようとすると、未だ未だと云う風で家内を相手に酒を飲んで」など、2人が懇意だったことも語っている。

「日本の近代化には、まず鉄道建設」という考えも、2人に共通していた。諭吉はヨーロッパで初めて鉄道に乗り、『蒸気車』を初めて日本に紹介した。大隈は、伊藤博文らとともに鉄道建設を進めた。「大隈がいなかったら日本には、このように早く鉄道ができなかったであろうといわれている」（沢和哉著『鉄道—明治創業回顧談』）。

早稲田に野球部が出来たのは、福沢諭吉が亡くなった1901（明治34）年。20世紀に入って最初の年で、東京専門学校が早稲田大学に名前を変える1年前。2年後の1903年、早大野球部の挑戦状を慶応が受けて、早慶戦が始まった。1903（明治36）年である。

ところが、その3年後、1906（明治39）年に両校1勝1敗のあとを受けた3回戦が応援団の過熱から中止となり、19年間も早慶戦は行われなかった。早慶戦再開は１９２５（大正14）年になってからだった。

今、早慶の集まりに行くと、塾長も総長も「早稲田あっての慶応」「慶応あっての早稲田」と挨拶する。早慶両校はフレンドリーライバルなのである。

◇

話を戻す。「明治14年の政変」直前に福沢諭吉が、就職難に嘆く手紙を大隈に出している（１８８１〈明治14〉10月１日）。
《近来慶応義塾もまことに盛んであって、生徒の数も５００に近い。ところがすでに卒業して故郷に帰っても仕事がない。東京にいても浪人では不面目である。商売でも、文筆でも、何でもよいから穴のある限り、さがしつくしてはいり込もうとするのであるが、それでもなお仕事がなくて苦しい者が多い》
「明治14年の政変」で福沢諭吉の門下生たちも官界から追放された。門下生の「仕事先」をつくる必要があった。「時事新報」の創刊はそんな側面もあった。
しかし、《福沢が『時事新報』を担う社員として長期的視野で育てようとしたのはごく少人数で、中上川、高橋義雄、渡辺治、石河幹明、菊池武徳、堀江帰一など、主に社説を担当していた記者

たちであるが、彼らは福沢の意に反してなかなか定着しなかった》(都倉武之慶應義塾大学准教授)

中上川彦次郎は、社長だった。高橋、渡辺、石河に井坂直幹《なおもと》を加えた4人が水戸出身。諭吉と同じ豊前中津出身の英学者・松木直己の推薦で慶応義塾に入った。

このうち「時事新報」に残ったのは1885(明治18)年卒業の石河幹明(1859~1943)だけだ。石河は、福沢の没後、20年にわたって主筆を務めた。『福沢諭吉伝』や『福沢全集』の編者として名が残る。

高橋義雄(1861~1937)と渡辺治(1864~1893)はともに1882(明治15)年に本科を卒業して入社した。ハタチと18歳という若さ。青年記者である。2人とも優秀だった。

しかし、高橋は5年後に辞めて、アメリカへ旅立つ。帰国後三井銀行に入り、大阪支店長から1895(明治28)年経営危機に陥った三井呉服店の理事に。ガラス張りショーケースに商品を陳列するなどアメリカの百貨店の売り方を取り入れ、三井銀行から慶応義塾の後輩日比翁助(1860~1931)を副支配人に据えた。1904(明治37)年三越呉服店となって、「デパートメントストア」を宣言。現在の三越の礎を築いた。1909(明治42)年王子製紙社長。茶人「箒庵《そうあん》」としても有名である。

渡辺治(台水《たいすい》)は「大阪毎日新聞」(大毎、「毎日新聞」の前身)の初代社長になった。しかし

29歳で早世する。

「時事新報」では、高橋同様、諭吉の口述する社説を筆記した。1885（明治18）年、天津条約交渉（伊藤博文全権大使）の取材に特派員として派遣された。当時のスター記者「東京日日新聞」（「毎日新聞」の前身）主筆の福地桜痴（源一郎）らと一緒だった。入社3年目、最年少特派員だった。

渡辺も7年後の1889（明治22）年に辞めて、「大毎」に移る。その送別会で「しばらく操觚者の地位を去らんとのことは今年の初め、福沢先生と協議の上にて取りきめ」と述べているが、福沢は中上川に送った書簡にこう綴っている。

《渡辺治氏こと、近来次第に政治に熱し、方々奔走して新聞紙のことも手に付かぬと申す有様にて、第一は社の用を欠き、第二は政治社外独立の時事新報にてその社員が政治の何々党と与するなど、評判せられても面白からず。かたがたもって、今度改めて、毎日社に出勤することを断り、社説でも出来て、紙上にのぼすべきものあらば採用すべし。兎に角に本社にては渡辺を当てにせずと申し渡し候》

渡辺は、経営危機に陥った「今日《こんにち》新聞」（「東京新聞」の前身）を自分の本を刊行した出版社金港堂とともに買収、題字を「みやこ新聞」（のち「都新聞」）に変えて発刊していた。そのうえ1

890（明治23）年の帝国議会開設に伴う総選挙で衆議院議員を目指した。そのことが諭吉の不興を買い、「事実上の解雇」につながった。

「都新聞」の主筆に黒岩涙香《るいこう》（1862〜1920）を迎えたのは渡辺で、涙香はこの新聞の連載小説がきっかけで人気作家となった。涙香が「萬朝報《よろずちょうほう》」を創刊するのは、1892（明治25）年である。

余談ながら筆者と毎日新聞同期入社で、初任地長野支局に一緒に赴任した黒岩徹（74歳）は、涙香の孫である。ロンドン特派員生活が長く、サッチャー首相から「トオル」と呼ばれたほどで、2001年にエリザベス2世女王から大英名誉勲章OBEが授与された。『闘うリーダーシップ マーガレット・サッチャー』（文芸春秋1989刊）、『イギリス式生活術』（岩波新書2003年刊）、『ハリー・ポッターの生まれた国』（日本放送出版協会04年刊）など著書多数。日本記者クラブ賞も受賞した（1999年）。黒岩はワシントン特派員のとき、スペース・シャトルチャレンジャー号の打ち上げ取材（1986年1月28日）で爆発事故を目撃、現場から電話で原稿を吹き込んだ。その日の夕刊担当社会部デスクが筆者で、黒岩原稿を社会面見開きで展開した。

渡辺を「大毎」主筆に据えたのは、本山彦一（1853〜1932）だった。「時事新報」の元総編集、会計局長（本山は営業部長と書いている）。《維新後（熊本から）上京して箕作《みつくり》秋坪《しゅうへい》の洋学塾「三叉学舎」に学び、…福沢諭吉に師事して、慶応の塾内に起居、塾生待遇でその薫陶を受けた》（毎日新聞社史『「毎日」の3世紀』2002年刊）。『福沢諭吉門下』（日外アソシエーツ1995年刊）では、慶応義塾の正式な卒業生以外の「番外」に載っている。

本山は、当時藤田組（現DOWAホールディングス）の支配人だったが、「大毎」の前身「大阪日報」の立て直しに相談役として送り込まれた。題字を「大阪毎日新聞」に変え、主筆を更迭して、諭吉の「社説記者」だった渡辺を持ってきた。「時事新報」時代、本山が務めた会計の後任に充てたのが、若くて将来有望の渡辺だった。同時に慶応義塾―時事新報で同僚だった高木喜一郎（1851〜1907、享年55）を営業主任として迎えた。

渡辺は1890（明治23）年7月、第1回衆議院選挙に郷里の茨城県から立候補して当選する。満26歳。被選挙権は満30歳以上だった。毎日新聞の社史は「被選挙年齢に達していなかったが、その名望並々ならぬものがあり、郷里の役場の配慮により政界への一歩を踏み出したという」と書いている。

そして8月の株主総会で大阪毎日新聞社の初代社長に就任した。「新聞の事業は収支浮動にして予算立ち難し」といわれていたが、「時事新報」で会計を務めた本山と渡辺、それに営業の高木が加わって、毎月の予算が立てられ、不足が出れば次の月でカバー、余剰が出れば新たな活動に充てた。
渡辺は、1890（明治23）年、改進党系の「朝野新聞」を買収、社長兼主筆に就く。今では考えられない発展ぶりだが、同年夏に肺結核で喀血、1893（明治26）年10月死去、29歳だった。「大毎」2代目社長には高木が就いた。

「時事新報」に戻って、水戸4人組のもうひとり、井坂直幹（1860〜1921）は、3年ほどで退社し、大倉喜八郎の日本土木会社へ。のちに秋田木材を設立するなどで、秋田県能代を本拠に木材産業近代化に尽力し、「木都能代の父」といわれる。

「社説担当記者」に名を残しているのは、ほかに、菊池武徳（「鉄道時報」創刊号に論説を書いたことで紹介した）、北川礼弼（1861〜1930）、堀江帰一（1876〜1927）ら。

北川は1881（明治14）年に本科卒業後、塾監を務め、その後名古屋金城新報主筆、都新聞客員。朝野新聞の経営に携わった後、1895（明治28）年「時事新報」編集長。のち千代田生命専務。

堀江は「時事新報」記者時代に慶応義塾の第1回派遣留学生として欧米に学んだ。慶応の教壇に立つ傍ら「時事新報」で社説を書いたという。

とにかく「時事新報」記者たちに人材が豊富である。「独立不羈《ふき》」「不偏不党」をうたった。「日本一の時事新報」を誇った。しかし、諭吉の死後、1905（明治38）年に大阪に進出したのが、経営の重荷となった。1936（昭和11）年12月1日廃刊。「東京日日新聞」に吸収される。「時事新報」が持っていたプラネタリウムの設営権、日本音楽コンクールや大相撲の優勝掲額などの事業が「時事新報」の題字とともに引き継がれた。

プラネタリウムは、1938（昭和13）年に完成した「東京日日新聞」の新社屋に設置され、「東日天文館」として東京名物となった。しかし、戦災で焼け落ちた。

「東京日日」は、「大阪毎日」の大阪毎日新聞社にすでに吸収合併されており、戦後、題字が「毎日新聞」に統一された。

本山彦一は「大毎」第5代社長。つぎの第6代奥村信太郎、第7代高石真五郎も慶応義塾出身である。

株式会社時事新報社は、産経新聞本社内に、資本金7000万円の会社として現存する。

鉄道の父・井上勝の死

本紙独占！

鉄道頭井上勝のセンチメンタルジャーニーに密着取材
シベリア鉄道で43年ぶりにロンドンへ
寄宿先の老夫人と涙の再会
その直後に薨去《こうきょ》、66歳

現代風に見出しを付けると、こうなるのか。

井上勝の死亡を伝える「鉄道時報」
1910（明治43）年8月13日号

日本の鉄道の生みの親・井上勝は、1910（明治43）年8月2日にロンドンで亡くなった。66歳だった。「長州ファイブ」の最若手として密出国、ロンドンの近代都市ぶりに驚く。ユニバーシティ・カレッジ・ロンドン（UCL）で鉄道技術などを学んだ。鉄道院顧問として43年ぶりに英国を再訪して、欧州の最新鉄道事情を視察した。

寄宿先だったウィリアムソン博士のキャサリン夫人を訪ね、再会を喜びあった。しかし、帰国を前にして腎臓病が悪化、病院で手術を受けたが、及ばなかった。

井上勝の英国再訪の旅に同行していたのが、鉄道専門紙「鉄道時報」主幹の木下立安だった。当時43歳。詳細なリポートを「鉄道時報」に連載している。シベリア鉄道を利用した汽車の旅である。まずそのリポートを読んでみよう。

ちなみに今から100年余前、海外旅行の見送りはどこでしたのか。汽笛一声の新橋駅である。東京駅は2014年12月に開業100周年を迎えたが、この時はまだ出来ていない。

新橋出發の節は態々御見送被下難有後禮申上候

井　上　勝

「鉄道時報」第556号、1910（明治43）年5月15日に掲載された広告である。「わざわざお見送りくださり、お礼を申し上げます」

同じ列車で、スイスのベルンで開かれる第8回万国鉄道会議に出席する鉄道院副総裁・平井晴二郎（53歳）、工作課長の島安次郎（39歳）、文書課長の大道良太（30歳）も出発したが、この3

人連名の広告、さらに木下立安自身も見送りお礼広告を出している。

1910（明治43）年5月8日――。

新橋駅午後5時30分、万歳の声に包まれて新橋を乗り出したのは、井上勝子、同子爵のお付き藏田直熊氏、汽車製造会社の技師山口張雄氏及び予を合わせたる4人の一行であった。

井上勝子の「子」は子爵の略。この旅行中、何時の列車で井上勝子が着くので迎えを頼む、と長崎の旅館に電報を打った。迎えに出た番頭さん。改札口を出る乗客に女性はいない。「女性のお客さんはありませんでした」と戻ってきたという笑い話がある。

井上子の目論見に従い長崎より大連に渡り、旅順の戦跡や営口、撫順、奉天を観て長春で東清鉄道の特別列車に乗り換え、ハルビン（哈爾浜）で平井副総裁の一行に合し、シベリア（西比利亜）鉄道を経てモスクワ（莫斯科）よりサンクトペテルブルク（露都）に着。此処より日本人がかつて採ったことがない海路、即ちバルト海（波羅的海）及び北海を経て煙の都ロンドン（倫敦）に着いた。

新橋―長崎	870マイル（哩）
長崎―大連	620
大連―長春	437
長春―莫斯科（モスクワ）	5,058
莫斯科―伯林（ベルリン）	1,200
伯林―倫敦（ロンドン）	728
倫敦―李浦（リバプール）	207
李浦―紐育（ニューヨーク）	3,483
紐育―市俄古（シカゴ）	990
市俄古―桑港（サンフランシスコ）	2,188
桑港―布哇（ハワイ）	2,100
布哇―横浜	3,445
合計	21,326

ロンドン―ブラッセル（ベルギー、ブリュッセル）	225
ブラッセル―バーゼル（スイス）	369
バーゼル―ローマ（イタリア）	626
ローマ―ビヤナ（オーストリア、ウィーン）	834
ビヤナ―コンスタンチノプル（トルコ、イスタンブール）	1,053
コンスタンチノプル―ビヤナ	1,053
ビヤナ―ベルリン	433
ベルリン―ストックホルム（スウェーデン）	642
ストックホルム―ベルリン	642
ベルリン―パリ	668
ドイツ（独逸）内地旅行	約1,000
英国内地旅行	約1,000
米国内地旅行	約1,200
合計	約9,745

ロンドン到着が6月13日。さすが新聞記者である。その里程を一表にまとめている。

木下立安は、ロンドンで井上子爵一行と別れ、ブラッセル（ベルギーの首都・ブリュッセル）で開かれていた万国博覧会、ウォータールーの古戦場を見物したのち、ベルン（スイス）の万国鉄道会議で平井副総裁らと合流。一行とは別行動でヨーロッパ観光を楽しみながらロンドンに戻り、大西洋を横断してニューヨークへ。首都ワシントンなど東海岸各地を訪れたあと、ナイアガラの滝を見物し、シカゴから大陸横断鉄道ユニオン・パシフィック鉄道でサンフランシスコに着き、そこから船で太平洋を横断。途中ハワイに寄って12月16日に帰国した。5月8日に出発して222日の世界一周旅行だった。

帰国したときは、平井副総裁と2人。朝日新聞の消息欄で報じられている。

立安は、ヨーロッパ、アメリカでの里程も記録している。

この2表の距離を合計すると、3万1071マイル、ざっと5万キロ。1日の平均行程は140マイル、225キロにも及ぶ。

立安は、井上勝の最後に立ち会えなかったことを残念がっている。井上勝は43年ぶりのロンドン再訪に、「英蘭銀行は昔のままだが、ドコソコの街は全く変わってしまった」などと終日歩き回って、街の変容ぶりを報告した。日本大使館を訪ねたり、日英博覧会の見物に出掛けたり、シティで日本の銀行支店長に会うなど多忙な毎日だった。

△井上子爵感極まって泣く　この日（6月18日）井上子は、今回洋行の大目的ともいうべきウイリアムソンの家族に会った事件がある。井上子が今より48年以前に彼の伊藤（俊輔、のち博文）、井上（聞多、のち馨）、山尾（庸三）、遠藤（謹助）の諸氏と共に横浜より英船に乗り込み、約半年を費やしロンドンに着いてより、4、5年間専ら世話になったのは、このウイリアムソンの一家で、当時井上子の親ともなり、師ともなったのは、化学を以て有名なるウイリアムソン氏で、惜しいかな先年物故せしも、未亡人は78、9歳の今日尚矍《かく》鑠《しゃく》として生き永らえているのみか、当時2歳なりし未亡人の一女及び井上子が世話になって後に誕生した一男（今は立派なドクトル）が孰《いずれ》も健康で居る。この日午後3時過ぎより子爵は藏田氏を連れて、前記娘の嫁入り先に同居しているウイリアムソン老夫人を訪ねるべく出掛けたが、同家の前を少し行き過ぎるのを、それを見たるウイリアムソン家の年少の孫が駆来って、井上さんではご座らぬかと尋ね、次に年嵩の孫が来る。第三に50に近き夫人が来たが、子爵は誰であるか分からぬ故尋ねて見ると、それが子爵滞英中に生まれた

ウイリアムソン老夫人の一女であることが判ったので、両人は往来をもかまわず思わず抱き合って喜んだ。そのうちにウイリアムソン老未亡人も耐えかねて出で迎えた。互いにうれし泣きをして暫くは辞《ことば》も出なかったそうで、何にしても43年以来絶えて久しき会合（注・井上は5年間の留学を終え1868年に日本へ帰国）のこととて、その光景何とも形容が出来ず、双方の至情左もあるべしとて、傍に見ていた藏田氏も深き感に打たれて思わず貰い泣きをして、暫くは言い出すべき辞もなかったと聞いた。予がこの光景を睹《み》ることが出来なかったのは洵《まこと》に残念であったが、この会合は慥《たし》かに詩的であったのだ。子爵が帰朝されたら能《よ》く聞かれよ。

「鉄道時報」第571号、1910（明治43）年8月27日

立安は、井上勝のセンチメンタルジャーニーのクライマックス場面をこう記している。しかし、井上勝は帰朝することはなかった。

2人が一緒にいた最後の夜は、6月20日ロンドンのエバンコートホテルだった。立安は、その4日前にロンドンに着いた平井副総裁一行のホテルに移った。

井上勝は翌6月21日午前10時55分、ビクトリア駅発の列車でベルギーのブリュッセルに向かっ

た。そのあとパリ、ベルリンを回り、一旦ロンドンに戻って、7月28日に「伊予丸」でインド洋を経て帰国することになっていた。「9月初旬には帰朝する」。ちょうどその頃、初孫が誕生予定で、孫を抱くことを楽しみにしていた。

立安は、ビクトリア駅に見送りに行ったが、出発時刻を間違えていたため、会うことができなかった。「間に合わなかったことは遺憾である」と詫びている。

井上勝は、日本出発前に遺書を書いていた。長崎港から大連に向かう船に乗る前、5月14日の朝である。

藏田氏予の室に来たりて、子爵は今遺言状を書いている、と。

そして詠んだ歌は――。

武夫《もののふ》のたけき心は桜哉
うつくししく咲き清らかに散る

死を覚悟しての洋行だったのか。「鉄道時報」は、その功績を論評欄でこう書いた。

わが国鉄道は、一難去ってまた一難来たるの観あり。子爵ありて初めて長足の進歩を見たりと云うも決して誇大の言にあらず。上は当時窮乏せる国庫に迫りて、些少ながらも資金を得、下は或はわが国国情に通ぜざる雇外人を率い、或は技術未だ完熟せざる邦人の部下を督励して、一身を以て鉄道経営の責に任じ、年一年線路の延長に努め、運輸交通の利便を進めたるの功や眞に偉なりというべし。

「鉄道時報」第569号、1910（明治43）年8月13日

8月4日ロンドンで仮葬儀が行われた。ウィリアムソン夫人や娘さんも参列、ロンドンタイムズもその死を悼む報道をした。

遺骨は8月20日、日本郵船「平野丸」で神戸港に着いた。鉄道関係者らが平野丸に乗船して遺骨を迎えたが、その中には新橋駅長高橋善一（初代東京駅長）の姿もあった。

神戸駅午後10時40分発夜行列車の後から2両目、1等寝台車の中央に銅製の柩が置かれ、喪主の井上勝の養嗣子井上勝純らがお護りした。

葬儀は9月25日品川の東海寺で営まれた。会葬者は1000人を超えた。鉄道院総裁後藤新平

が弔辞を読んだ。

井上勝の功績を称えて銅像設置の募金活動が始まり、総額5万6569円74銭5厘（預金利子を含む）が集まった。高知の桂浜に立つ坂本龍馬像の作者・本山白雲が制作、台座は東京駅を設計した辰野金吾が担当した。12尺5寸（3メートル75センチ）の銅像が、高さ24尺5寸（7メートル35センチ）の台座に据えられた。除幕式は1914（大正3）年12月6日午後2時から東京駅丸の内北口付近で行われた。大隈重信総理大臣が祝辞を述べた。

伊藤（博文）公と吾輩は文明を進むるに鉄道は最も必要なり、此意を以て鉄道の建設を企てたのである。…然るに軍人も却々《なかなか》反対した。尚攘夷の思想は全国に充満して居た。…（鉄道建設に）雇う処のものは外国人である。言葉は通ぜぬ。鉄道の事は分からぬ。その時に彌吉君（井上勝）は帰ってきた。…英語は非常に旨い。伊藤及び吾輩は彌吉君に託するに鉄道の為に全力を注いで之に従事することを勧めたのである。…今此晴れの場所に、井上子爵の銅像が厳然と立ったのは、大いに国の文明を進めたと云う功績を表彰するものである。

この銅像は戦時中の金属回収で撤収・鋳潰された。戦後、彫刻家朝倉文夫の手で2代目が制作され、1959（昭和34）年丸の内中央口に再建された。その後、総武線の乗り入れ工事、さらには東京駅創建時復原工事で撤去された。復原された東京駅は2014年12月、開業100周年を迎えたが、駅前広場の再整備が終わり次第、井上勝の銅像が駅前広場に再設置されることになっている。

クロカネの道作

日本に鉄道建設を勧めたのは英国の駐日公使ハーリー・S・パークスである。大隈重信、伊藤博文らが交渉する際、井上勝は通訳として同席した。ユニバーシティ・カレッジ・ロンドン（UCL）で鉱山技術・鉄道技術を学び、帰国したのは1868（明治元）年12月30日だった（太陽暦）。

1970（明治3）年4月、エドモンド・モレルが鉄道建築師長として来日する。井上勝が鉄道頭となったのが翌1971年9月。「夫れより躍起と督励して京浜並びに阪神の工事を進行せしめ」1872（明治5）年10月14日（太陽暦）新橋―横浜間の開業式を迎えた。

ついで大阪―神戸間が1974年5月に開業。さらに大阪―京都間が1976年9月に完成した。

井上勝も列席した鉄道開業式（南薫造画、日本交通協会所蔵）

1877（明治10）年1月工部省鉄道局長に就任。鉄道技術者の養成のため大阪駅2階に工技生養成所を創設。お雇い外国人を解雇。大津―京都間の逢坂山トンネルは日本人だけで完成させた。

1889（明治22）年7月1日新橋―神戸間全通。

1890（明治23）年7月貴族院議員当選。9月鉄道庁長官。

1896（明治29）年9月汽車製造合資会社設立（大阪）社長。

1909（明治42）年4月帝国鉄道協会第3代会長就任。

1910（明治43）年5月鉄道院顧問として渡欧。8月2日ロンドンで死去、66歳。

最後となった今回のヨーロッパ視察旅行は、ロンドンで開かれる日英博覧会に合わせたもので、鉄道院総裁の後藤新平から嘱託を委嘱され、3000円が支給された。

「職掌は唯クロカネの道作に候」

井上勝は、長州藩の先輩木戸孝允（桂小五郎）に宛てた手紙に、自らをこう紹介した。立教大学教授・老川慶喜著『井上勝』（ミネルヴァ書房2013年刊）の副題にもなっている。

クロカネ（鉄道）の道作《みちづくり》——。その苦労話を、木下立安は東海道線の車中で井上勝にインタビュー、「鉄道時報」第49号、1900（明治33）年5月15日に「車中の閑書き（井上子爵の話）」として掲載している。

井上は、1896（明治29）年に汽車製造合資会社を設立、社長になっているが、本社は大阪にあった。乗車したのは大磯駅からだ。

「わが国に鉄道を拵《こさ》へるやうになった」のは、米がきっかけだった。1869（明治2）年に大雨の影響で米が不作。東京で米の値段が高騰した。ところが日本海側の米どころ新潟の米価は、東京の半分ほどだった。この安いコメを東京に運ぶことができずに、中国からコメを輸入した。「こんな不都合のないように、鉄道を早く敷いたらよかろう」と英国大使のパークスが唱え、このことを（井上勝が）伊藤博文侯爵、井上馨伯爵に勧めたのが始まりだ。

しかし、日本政府には建設の資金がない。パークスは英国人の金融ブローカー・ホレーシオ・ネルソン・レイを紹介した。レイは100万ポンドの外債を引き受けることを約束したが、レイが英紙で公募したことから高利が発覚。オリエンタル銀行から抗議もあって、レイとの契約を破棄した。「これが日本で鉄道をこさえるために用いた資本の始めだった」と井上はいっている。

井上勝は、当時大阪の造幣寮造幣頭。翌1870（明治3）年12月、工部省設置と同時に、工部権大丞として鉄道建設の実務にあたるようになった。

――ゲージを3フィート6インチにした理由は。

「日本の地形は山谷が多く、狭小。鉄道を速成するには、工事がしやすいようにしなければ、と考えた。これやあれやで3呎6吋（1067ミリ）のゲージが適当だろうとなった。今日のように鉄道が発展するのであれば、欧米のように広軌が適当だと思う。ただ、その当時は日本を横断する鉄道が出来ればマア結構だという位の希望だった」

英国留学時代の井上勝
（当時は野村弥吉）

立安は、「鉄道時報」が創刊10年を迎えた記念号に井上勝に祝辞を求めた。それに対する談話が第505号、1909（明治42）年5月23日に載っている。
見出しは「先見の明なきを愧《は》づ」。

△広軌とせざりしが残念　…慙愧に堪えない事が一つある。なぜゲージを4呎8吋半（1435ミリ）の広軌（標準軌）にして置かなかったのか。日清戦役に勝ち、日露戦役にも勝ち、露国を満州より追い払うような進歩をわが国に予期していたならば、マサカ狭軌にしては置かなかったと、余は全く先見の明がなかったのを頗る愧じておる次第だ。

井上勝に談話を求めたものがもうひとつあった。伊藤博文が1909（明治42）年10月26日、ハルビン駅で韓国の民族運動家・安重根によって射殺されたときだ。

噫、伊藤公
△涙も出れば腹も立つ　伊藤公の遭難に対する感想？それなら御免蒙る。鉄道の創始に功労のあった人ではあるし、…何しろ50年来兄事した伊藤公がアノ様な遭難であるから、

私の心中は言い様の無い程切ない。だから話をすれば涙も出れば腹も立つ。実は大磯へも見舞に行かねばならぬが、未亡人に逢って話をする勇気が無いから、未だ出かけもせぬ位だ。日数が経ったら兎に角、今日は右の次第だから話は御免を蒙る。

「鉄道時報」第529号、1909（明治42）年11月6日

井上勝のことが長くなったが、日本の「鉄道事始」の人物紹介だと思ってご容赦願いたい。

シベリア鉄道

木下立安のリポートを続けたい。長崎までの列車で、2人の慶応義塾出身者と乗り合わせる。慶応義塾塾長の鎌田栄吉（1857〜1934）と、千代田生命保険社長の門野幾之進（1856〜1938）である。鎌田は和歌山県の先輩で、下関へ向かう列車内で朝、顔を洗っていると「木下君」と声を掛けられた、と書いている。

博多駅から長崎行きの急行に乗ると、鳥栖駅から門野が乗車した。「鎌田氏と云ひ門野氏と云ひ、同窓の先輩に逢ひしは不思議である」。明治時代の慶応義塾は、実業界に人材を輩出していた。立安も、慶応義塾―時事新報―鉄道界で人脈を広げていくのだが、後述する。

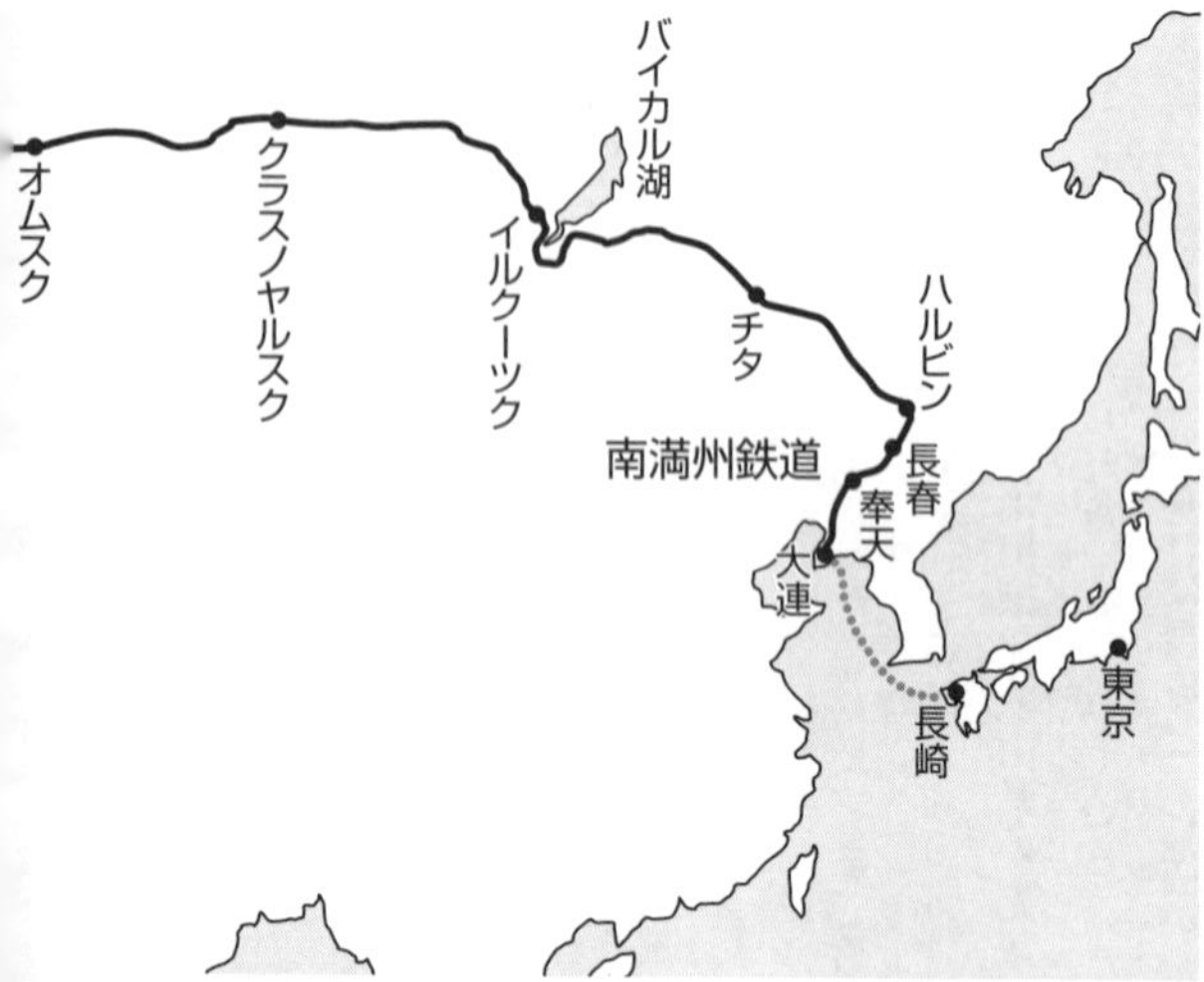

長崎から日本郵船「芝罘丸《ちーふーまる》」で大連へ。明治36年長崎三菱造船所の製造で、水深の浅い川も遡れるように吃水を浅くしてある。長さ262尺、巾36尺、深さ21尺25、総頓数1933トン…船長戸澤衛門、機関長伊東久太郎、一等運転士山崎正馬、事務長木本茂夫の諸氏である、といった具合で詳細を極める。大連で満鉄の中村是公《これきみ》総裁、国澤新兵衛副総裁らの大歓迎を受け、旅順では日露戦争の戦跡を見て「当時の悪戦苦闘を偲ぶ」とある。

シベリア鉄道に乗る前にもうひとつ。大連を案内したのは平岡寅之助とある。井上勝が社長の汽車製造会社の副社長で東京支店長・平岡凞《ひろし》（1856～1934）の実弟である。平岡凞はアメリカで汽車製造を学んで帰国する際、野球道具を持ち帰った。新橋鉄道局で野球を広め、日本初の野球チーム「新橋アスレチックス」

井上勝　ロンドン再訪の経路

をつくった。JR東日本野球部のルーツである。1959（昭和34）年野球殿堂入り。

淵は、慶応義塾野球部が創部（1888年）の頃、練習の面倒を見ていた。スポルディング社から送られた野球用具やルールブックを寄贈している。

弟の寅之助も野球好きで夏の甲子園大会の始まり第1回全国中等学校優勝野球大会の副審判長を務めている。

淵も、寅之助も、むろん立安も、井上勝が会長を務める帝国鉄道協会の会員だ。

5月19日　大連—営口。清林館泊。

20日　営口—奉天。《一望涯なく、大地は直ちに天と接す。子爵之を見て

「ア、広くて羨ましいな」》。瀋陽館泊。

21日　奉天—長春。ヤマトホテル泊。

22日　長春11時15分発。《いよいよ露国の鉄道となった》。貴賓車が連結され、《東清鉄道の列車は車が大きいからユットリとして、その運転も極く静かで、呑気でよろしい。客車の内法は9呎7吋程ある》。寒暖計午後5時75度（摂氏23・8度）。ハルビン午後8時着。東洋館泊。

23日　午後2時半、平井副総裁一行到着。露国東清鉄道長官ホルワット少将ら出迎え。夜、ホルワット将軍の晩餐会。夜11時20分ハルビン発。貴賓車。通訳もつき、モスクワまでこの列車で。

シベリア鉄道の化粧室
（『西比利亜鉄道旅行案内』より）

貴賓車の内部をこう説明している。貴賓室は車両の中央にある。その中に寝台と立派な机。浴室が付いている。その外に4人入れる特別室と、4人用の一等車2室。他に給仕室。トイレは用が済むと自動的に便器の下にある板が跳ね上がって閉まるようになっている、と感心している。4人用の一等車に灰皿が6つも備えてある。ベッドに各1個と、他に2個置いてあるのだろう。「ロシア人が大いなる喫煙家であることが証拠立てられる」と大袈裟に書いている。

蒸気機関車が引っ張っているのだから煤煙が出る。車内に直接入るのを防ぐため、「窓の外側に巾4寸位の板を取り付けてある」。これはアメリカの列車にもあるという。

24日　《朝寝をして、昼飯兼帯に朝飯を食ふ。スープ、チッキンライス、パン、林檎、茶位で一人前1円30銭、アマリ安くもない。チップは勘定の1割位遣る》《北満州の原野は広い。…一望平坦。牛が1匹、百姓が1人。遠くにいてもすぐ目につく。まるで野の海である》《列車は平均20マイル（哩）の速力（停車時間共）であるが、時としては25、6哩、乃至30哩も走ると思ふ。動揺は存外少ないが、しかし字を書くには中々困難で、大揺れがする》

25日　10時半頃、シベリア有数の大都会チタ駅に着いた。分水嶺。東方アムール川へと西方バイカル湖に注ぐものとの分かれ道。

26日　前夜遅くバイカル湖沿岸線に入った。この沿岸線通過に昨夜10時から今朝の10時ま

シベリア鉄道の食堂（『西比利亜鉄道旅行案内』より）

でかかった。《奇峰、怪岩、矗々《ちくちく》また累々、恰も百の妙義山を集めたる如し》正午近くイルクーツク駅着。ハルビンから同行のアベルナリー秘書とお別れで、平井副総裁が記念品を贈って謝意を表した。車輪の取り替えで2時間ばかり遅れ、午後2時15分発。食事時間は、朝の茶が午前10時頃、昼飯が3、4時頃、夕食は9時10時頃で、遅い時は11時過ぎになる。列車内ではよく茶を飲む。普通のコップに一杯入れて、角砂糖2・3個、レモン一切れを入れ、これに白パンと黒パンを皿に盛り、バターをつける。これが中々甘い。バイカル湖以西は、露国が占領以来年数も経て、村落には必ず立派なチャーチを見受ける。家屋は木造。家もある間隔を保って整然としている。両側は際限なく続く森林地帯。赤松、白樺の密林が続く。牛馬の群れは折々見受けるが、人家は密林に隠れて見えない。《露国政府がステーションより3哩を隔てて住宅を許すためだろう》午後10時頃チマ駅着。

27日　朝は3時頃より東天白み、夜は9時になっても景色が見える。正午イランシュラー駅着。同行2人と駅の売店で甘味の焼きパン、肉饅頭を買う。キャベツの煮たのをテーブルに運び食べようとすると発車のベルが鳴った。列車に駆け込む。肉饅頭は温かくて頗る美味。食堂車より駅の飲食店が安く、食堂車で1円20銭の朝食は1円以内で食える。ただ、甚だ気ぜわしいのが欠点である。牛乳やパンを売店で買い、紅茶を車内で命じれば一層安くなる。旅行は遣り方によって、ドーニデも経済的にやれる。わが国の人は外観を装う精神が強いから、幾分不経済に陥ることを免れない。午後1時、エニセイ川に架かる鉄橋を渡る。この鉄橋は260呎乃至30呎の橋桁6本より成る大スパンのもので頗る見事である。午後8時クラスノヤルスク駅着。

28日

朝6時、マリレスク駅着。午前10時、タイガー駅着。コ、はシベリア有数の都市トムスク市に至る鉄道の分岐点。トムスク市にはシベリア地方唯一の大学校、病院があり、繁華な市街地と聞いた。午後5時ノボニコライスク駅着。直ちにオビ川の鉄橋を渡る。中々の長橋である。午後8時チェルベンスカ駅、9時39分カルガット駅着。《車軸焼けのため3時間近く遅刻したる列車は今や全く取返へして発着とも正確となった。まさか（正可）日本の大鉄道家が乗って居るから、一つ露鉄の手際を見せて呉れむと云ふ訳でもあるまい》《序に言ふが、我々の列車に乗り込んで居る列車長殿（日本の夫れよりズット権力を有って居る）は、妻君以外に9歳位の男子を御携帯である。諸君よ、怪しかる事なりと言はる丶勿れ、シベリア鉄道10日の車行は大西洋の航海よりも長いぞ。家族携帯は唯一の慰籍である》

29日　朝8時オムスク駅着。市街は川岸にある。《川は唯一の障害なき交通路で、夏は船、冬は橇。水上又氷上を往復するのである。…文明は水辺よりする原則に適応す》午後1時過ぎペトロパオロス駅着。

30日　午前1時頃露都（サンクトペテルブルク）と莫斯科（モスクワ）線との分岐駅チェリャビンスク駅に着いた。…大道君らは3時頃から起きて待って居た甲斐あって標柱（注・オベリスク）を目撃した。

列車はウラル山脈にさしかかる。ウラル山脈がアジアとヨーロッパの境目。シベリアはここで終了、これからヨーロッパのロシアに入る。その境界を示すオベリスクが線路脇に立っている。それを若い大道良太らは「必見」と思ったのであろう。

8時前ウラル山脈中にあるベラヤエウズ駅着。宝石を売る店に人だかりができる。ニセ物も多いようで、まさに玉石混交。立安は前日2ルーブルで買った大きなサファイアがニセモノと笑われ、この日は極く小さいものを3ルーブル50コペック（1ルーブルの百分の1。カペイカ、コペイカ）で買った。「これは本物で上等品」といわれ、《前日の恥を雪いだ》。

31日　朝6時40分オルガ川（ボルガ）を渡る。アレキサンダー第2世鉄橋。《25スパンのトラス13本から総長4550呎と算出した。天竜川鉄橋4400呎より長きこと150呎》。窓外のスパンを数えて鉄橋の長さを割り出すのだから、鉄道マニアも極まるという感じだ。

6月1日　モスクワ・クールスキー着。ここで一行は大慌てする。列車が停車したが、《ヒッソリして寂しい。モスクワの品川駅であろう》とのんびりしていると、ボーイが来て、他の乗客は皆下車しましたよ。《初めてモスクワの新橋駅に着いたことが判った》。ホームには満鉄の田中清太郎、荘司鐘五郎、モスクワ領事館の花岡領事と成瀬書記生が迎えに出ていた。

「朝になり、昼になり、また夜になる。シベリア鉄道はそのくり返し」

鉄道旅行が大好きというノンフィクション作家の森まゆみは、その著『女三人のシベリア鉄道』（集英社2009年刊）で、シベリア鉄道の旅をこう書いている。

行けども行けども森林、どこまで走っても原野が続く。窓外の景色に、最初は感激するが、そのうち飽きが来る。

井上勝一行のシベリア鉄道の旅は、5月23日夜、ハルビン駅を出発してから8泊9日でモスクワに到着した。この旅行記の中で、立安はシベリア鉄道が開通する前に、シベリアの荒野を横断した2人の日本人を紹介している。

駐露公使・榎本武揚（1836〜1908）と、陸軍少佐・福島安正（1852〜1919）である。

榎本武揚は、戊辰戦争の函館五稜郭の戦いで敗れたが、明治政府に登用された。1874（明治7）年、駐露特命全権公使となった。1878（明治11）年7月から9月にかけ、サンクトペテルブルクからウラジオストクまでシベリア経由で帰国、その旅行記『西伯利亜日記』を刊行した。

福島安正は、1892（明治25）年から1年4ヵ月かけて約1万8000キロを単騎横断、シベリア鉄道の建設の進捗具合を報告したという。シベリア鉄道が開通したのは、日露戦争の最中の1904（明治37）年9月だった。

車中での井上勝は、本ばかり読んでいた。《桜井鷗村の欧州見物だの、杉村縦横の大英遊記だのを尽く読破した。その結果「モー伊太利へは見物に往かなくても宜い」》

あとは大好きなお酒。幾分謹んでいるようにみられた、と立安は書いているが、終着モスクワへ着く朝も、給仕室に自ら行って「お湯をくれ」。給仕は「ヒゲを剃るのか」と聞いたが、《まさかブランデーを飲むためと言えず、子爵大いに恐縮す》。

口癖は「ドーデモヨイ」。何が起きても動揺しない。《唯エラク銘酊した時は、気焔万丈で傍の者は皆アテられる》

この旅行のために洋服を新調することもなく、古ぼけた炎茶《ママ》色の服のままだった。

モスクワではクレムリン宮殿を見学するなど観光地を巡り、モスクワの地図を25銭、サンクトペテルブルクの案内書を40銭で買う。

6月3日　莫斯科（モスクワ）より聖彼得堡（サンクトペテルブルク）に至る六百哩《マイル》の鉄道は、

ニコライ一世が地図上に一直線を劃して敷設を命じたと云ふ有名な線路。…測量師の苦心は、如何に長き直線を発見すべきかに非ずして、如何なる場合に曲線を設く可きかに在り。五十哩や百哩の直線は尋常普通のことなり。羨むべき哉。

サンクトペテルブルクで6日過ごしたあと、船でロンドンへ。バルト海からキール運河（98キロある）を抜けると北海《ノースシー》だ。

旅行記は、さらに続くが割愛。ロンドンで開かれていた日英博覧会を紹介したい。

日英博覧会（1910年5月14日～10月29日）のポスター

5月14日から10月29日まで169日間開催され、入場者は835万人にのぼった。20万8000坪の広大な会場に、日本政府館をはじめ、日本を紹介する展示館がいくつもつくられた。日露戦争に勝利して、世界にニッポンをアピールする狙いがあった。

鉄道院の出品は、通路の両側にボギー車を描いて、その窓に日本の風俗、景色の彩色写真を嵌めこんだもの。結構人気だったようで、「英人の好奇心に投じ、…見物して居る所は余程珍である」と、朝日新聞のロンドン特派員長谷川如是閑《にょぜかん》が『欧米遊覧記』（朝日新聞社1910年刊）に書いている。

この『欧米遊覧記』には、朝日新聞社が募集・実施した第2回世界一周会の模様が記録されていて、参加した57人は太平洋・アメリカを横断してイギリスに渡り、日英博覧会を見物するためにロンドンに13日間滞在。ヨーロッパを回って、モスクワからシベリア鉄道で帰国した。104日の世界一周。参加者の顔写真が収められている。

立安の鉄道記事

出版されているのは、『乾ける国へ：満鮮支那旅行』（鉄道時報局1923〈大正12〉年刊）だけだが、「鉄道時報」創刊以来、新線が開通すると、自ら体験乗車して、そのルポを掲載している。

＊徳島鉄道の開通（「鉄道時報」第5号、1899〈明治32〉年2月25日）

1899（明治32）年2月16日、徳島鉄道徳島―鴨島駅間（18・9キロ）が完成、徳島駅で盛大な開業式が行われた。

立安は、前日に大阪商船の定期航路で大阪から徳島へ。式典取材の時事新報記者2人も乗船していた。徳島は雪。6センチの積雪だったと記録にある。徳島駅は「三都の停車場としても恥ずかしくない迄に宏壮」と書いているが、間口32メートル、奥行12メートル、木造平屋の瓦葺寄棟造で、土壁を漆喰で固め、建物の周囲に回廊をめぐらせていた。残念ながらこの駅舎は1945（昭和20）年7月の米軍爆撃機B29による空襲で焼け落ちた。

駅前にはお祝いのアーチがかかり、「旗幾旒となく樹立致し候」。出席者は一千何百人にのぼり、富街《ふうがい》芸者衆百余名が舞った。藍で栄える徳島。景気がよかった。当時「阿波踊り」はあくまで盆踊りで、祝い事に踊るのは大正天皇の即位を祝う時から始まったと地元紙の記事にあった。

肝心の鉄道。客車25両は名古屋日本車輌製造会社、貨車27両は大阪福岡鉄工所、機関車3両は米国製。徳島—鴨島間43分、「下等賃金18銭」だった。

「當鉄道の収入目的は申す迄もなく旅客にして、藍その他多少の物産も搭載せらるべく」「先づローカルトラフイクのみに甘んずるの外無」

その後、8月には川島（現阿波川島）まで、12月には山崎（現山瀬）まで、さらに翌1900（明治33）年8月には船戸（のちに廃止）まで延伸開業した。土讃線阿波池田駅までつながって、徳島線が全線開業したのは1914（大正3）年3月。ことし2014年は全線開通100年にあたり、その記念イベントが展開された。

＊東海道線の汽車旅行（「鉄道時報」第57号、1900（明治33）年8月5日）

鉄道時報局が東京に移転して、「大阪は全国鉄道の中心でもあるから月に1度は必ず関西地方へ出張している」。

7月9日午後10時新橋発の列車に乗り込んだ。「一等室の乗客は記者の他に僅か1人」。それも神奈川県下で下車して「一人法師となった」。「気笛の聲に夢を破られ、窓から顔を突き出して…沼津駅たるを知った。富士は夜目に隠れて見えねど富士川の流れは静かにして…、汽車は笛聲凄く長隧道に這入った。…沼津近邊にコンナ隧道のある筈なし。…時刻表やら時計やらを取り出し照し合して見れば、記者の寝ぼけ眼は静岡駅と沼津駅とを取り違へ…これは薩埵の隧道で富士川と見たのは安倍川であった」

「浜松駅で朝餉を済まし」浜名湖の景色を楽しむが、名古屋駅で関西鉄道に乗り換える。「官鉄（東海道線）より半時間ばかり早く大阪へ着くからである」と書いている。

「鉄道時報」創刊号（1898年1月）に関西鉄道の広告が載っている。

《名古屋―大阪間近路

・名古屋大阪（網嶋）間直行列車は1日往復6回宛にて内急行列車は5時間余にて達す

・東京大阪間往来にも名古屋にて乗換へ當社線へ乗車せられて頗る便利且愉快なり》

名古屋から終点の網島駅まで所要時間は急行で5時間20分足らずだった。網島駅はすでに廃駅になっているが、現在大阪市立東高等学校のあるところ（大阪市都島区東野田町4丁目）。1898（明治31）年11月から網島—名古屋間の直通運転が始まった。

関西鉄道の本社も駅近くにあった。立安は、下車後、関西鉄道社長の田《でん》健治郎（1855～1930）、汽車課長島安次郎（1870～1946）らを訪ねている。東海道線で梅田にある大阪駅に着くのより、ずっと便利だった。

汽車をたよりに思い立つ　伊勢や大和の国めぐり
網島いでて関西の　線路を旅の始にて

網島駅は伊勢神宮参拝の始発駅として「鉄道唱歌」にも歌われている。1900（明治33）年11月に発表された関西参宮南海編（大和田建樹作詞）だ。

関西線の急行列車には列車ボーイが乗っていた。立安は2ヵ月前に列車ボーイになったばかりの新米に質問する。

「記者は試しに此列車が網島に着くのと、湊町に着くのと其時間に何れ程の相違があるのか」

「此列車に乗ったのは今日が始めてであるから判らない」と列車ボーイ。

「元来列車ボーイは最も乗客に直接して旅行の愉快と安心とを與へるものであるから充分改良を要する」と続けている。

湊町は現在のＪＲ難波駅。関西鉄道は１９００（明治33）年6月に大阪鉄道を合併し、名古屋―奈良―湊町間に急行列車の運行を始める。網島駅ルートは1年半で用済みになり、１９１３（大正2）年11月15日に廃止となるのだが、立安が利用したこの時点で網島行きだけでなく、湊町行きの急行列車も走っていたのだろうか。

関西鉄道と官鉄（東海道線）との旅客争奪合戦は、１９０４（明治37）年に日露戦争が勃発するまで続く。運賃の値下げ競争に始まって弁当サービスまで「狂騒」が続いた。

＊奥羽南線の開業（「鉄道時報」第85号、１９０１（明治34）年5月4日）

奥羽本線上ノ山（現かみのやま温泉）―山形間が開業したのは１９０１（明治34）年4月11日だった。日本鉄道福島駅から山形駅がつながった。

その開業式の取材に、4月10日午後5時上野発の列車に乗る。原敬逓信大臣一行と一緒だった。

「上野飛鳥山の櫻は盛りを過ぎたれど、…赤羽、浦和、大宮の花は今が真盛り。…北に進むに随ひ、段々見えなくなりぬ。花と反対に、大臣の列車通過に付、停車場に送迎する警察及郵便電便等に関する官吏の送迎は益々鄭重を加へ、深夜雨を衝で、プラットホームに竚立する様、殊勝さ過ぎて、気の毒なり」

福島午前2時過ぎ着。1泊。翌午前8時34分発。「板谷峠の山々には、尚白雪皚々《がいがい》として、眼を射たり」

福島—米沢間の板谷峠が難工事だった。海抜2055尺、最急勾配30分の1、隧道19、橋梁20。「米沢の平原に列車を進めれば、颪は日本海より吹き来りて、寒さ身にシミジミと感じ、四方の山々は雪を戴きて…」

五色の湯、赤湯、上の山と温泉地を通過して、午後0時51分山形駅着。歓迎の花火が打ち上げられ、万歳の声が一斉に。式場は構内の車両庫。原逓信大臣のお祝の挨拶のあと、県知事、県議会議長らの祝辞朗読あり。駅前は山車、踊りの舞台等で大混雑。午後4時から千歳公園で園遊会。「兎に角今回の開業式は、山形市に於いては空前の賑ひなりと云へば、同市民が如何に此鉄道の開通を喜びしやを、知るに難《かた》からざる可しとなり」

山形には、新聞が3紙「山形自由」「山形新聞」「南羽日々」あり、人口3万2千余。「寒國のこととて、屋根は多く板葺にして、…立派なる洋館、出来上がり居り」「言語は例の奥州訛りにて、我等には甚だ聞取り悪く感じたり」「櫻は愚か、梅さへ未だ禄に咲き居らず」

山形に1泊。翌12日午前6時48分発の一番列車に乗車。福島で1時間半待って、上野駅着夜10時。「山形より15時間と12分を費やしたり」と結んでいる。

＊笹子トンネル貫通見学会（「鉄道時報」第１４９号、１９０２（明治35）年7月26日）

中央本線笹子―初鹿野《はじかの》駅（現甲斐大和駅）に全長４６５６メートルの日本一長い笹子トンネルが開通したのは、１９０３（明治36）年2月1日だが、貫通した前年の7月に見学会が開かれている。その模様を立安がリポートしている。

逓信大臣芳川顕正が関係各方面に案内状を出して、飯田町駅（のちに廃止）午前6時25分発の臨時列車を仕立てた。参加90人余。鉄道庁長官松本荘一郎、日本鉄道社長會我祐準《すけのり》、鉄道会議議長寺内正毅《まさたけ》、貴族院議員谷干城《たてき》、同清浦奎吾、明治時代の鉄道をつくった工学博士の原口要、平井晴二郎、白石直治ら。新聞記者では、「国民新聞」主筆徳富蘇峰（猪一郎）、「東京日日新聞」主筆朝比奈知泉、「東京朝日新聞」池辺三山（吉太郎）の名前がある。

発車早々に宴会が始まったらしく、用意されたビールやラムネを飲み、サンドイッチやビスケットを食べ、「談論頗ぶる賑やかなりし」とある。

大月駅で下車。羽織袴の村会議員らに迎えられて、人力車・馬車に乗る。沿道各村は国旗を掲げ、学校生徒は整列して歓迎したとある。

笹子トンネル東口の事務所で、まず鮎の塩焼きや洗いで昼食。午後1時50分、岩石運搬用のトロッコ二十数台連結して、地元山梨県知事らも加わった。トロッコの乗り心地よきこと「馬車人力車の比に非ず」。

6千呎《フィート》（約1・8キロ）進んで、あとは徒歩。掘削作業が行われていて、「丁丁カンカンの音、耳に囂《かま》びすし」。東西貫通点の張り紙があって、記念に小石を持ち帰る人もいたという。

反対側に抜けて、再びトロッコに乗り、西口に出たのが午後2時30分。東口には伊藤博文が揮毫した「因地利」の石額が掲げてあったが、西口の山縣有朋の「代天工」はまだ掲げてなかったとある。

東口に戻って、再び人力車・馬車で大月駅へ。午後7時半発。「裏見富士を南西に残して発す」と書いている。八王子で途中下車して「1泊せし向き」もあった。午後10時40分飯田町駅着。

このあとに「笹子隧道工事概要」が詳細に載っている。

木下の鉄道記事について、鉄道史家の沢和哉は、その著『鉄道―明治創業回顧談』の中でこう記している。

《特筆されるべきことは、明治32年『鉄道時報』発刊の辞《ことば》のなかで、紙面の正確さとこの実行を、とくに強調しているように、かれの編集上において一方に片寄ることなく、一貫してとってきた中道の精神である。このことは、立場上掲載しにくいと思われるような、一駅夫の人事問題に関する苦情の投書でも堂々と掲載するなど、紙面の随所から窺《うかが》うことができるのである》

立派な「鉄道記者」の草分けだったわけだ。

晩年の立安

熱海に住んでいた立安を、鉄道記者青木槐三が訪ねている。「熱海駅の真上で万平ホテルの真下。庭へ回れといわれ、寒桜の咲く下を通って南側の硝子戸をあけると、縁側に机を据えて立安さんが坐っていた」

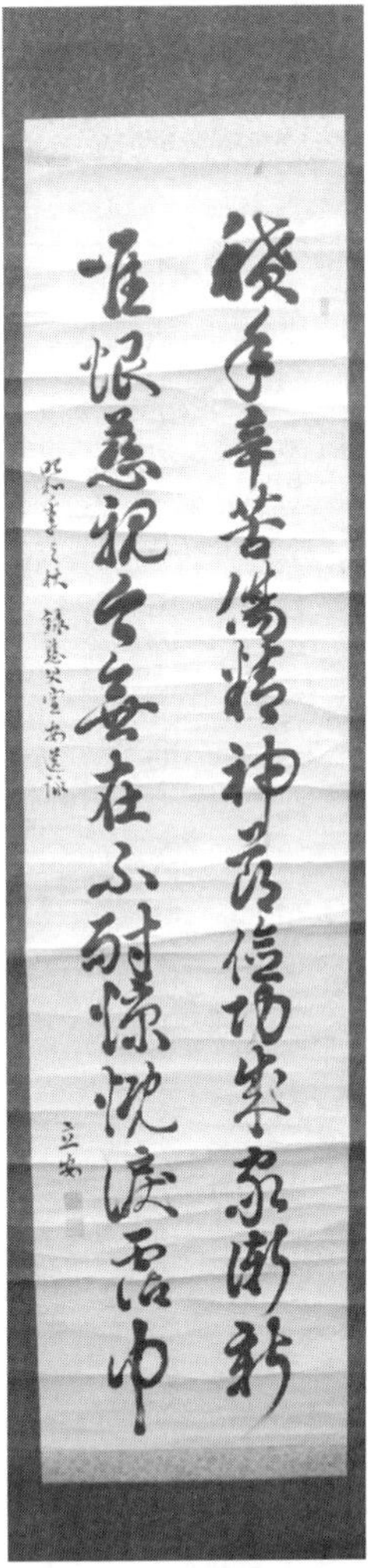

木下立安の書。「録慈父宣安送詠」とある

1951（昭和26）年の早春。立安84歳、青木槐三55歳。「耳が遠いとの仰せで、がんがんと大声を出してお話を伺った」。むろん鉄道創業の頃の昔話である。

青木は帰りに来宮《きのみや》駅で下車して、弟の武之助宅を訪れている。「この方は元気溌剌。とってきのウイスキーを馳走になった」

晩年の立安は、「静坐」（瞑想）が健康法だった。俳句を嗜み、和歌を詠んだ。1918（大正7）年俳句雑誌「新緑」発刊（編集兼発行人）。歌人・木下蘇子《そし》。1939（昭和14）年「短歌人」の初代発行人。歌集は『蘇子句集』（1930年刊）、『泰山木の花』（1936年刊）、『老柏』（1941年刊）を刊行している。

福沢先生33回忌
黎明ぞさめよ起きよと聲高《こは》に呼びたまひつる吾が師しのばゆ
講堂に腕組しつつじゅんじゅんと説き遺《のこ》しましつ不易の言葉

丹那隧道竣成の頌
箱根の険名のみに残し地の底をやすけく人のゆききす今は

熱海にて
金色に海を染めなしのぼる日の日矢《ひや》は直射《たゞさ》す吾崖の家

翁
翁とあがめし人は多くうせぬ吾が齢《とし》今はそれに近かり

晩年の立安。昭和13年の鉄道時報より

鉄道時報局の今

工学専門の出版社の老舗、理工図書株式会社は２０１４年5月27日、東京都千代田区一番町の本社で株主総会を開いた。夫の死亡で10年前に5代目社長を継いだ柴山斐呂子（70歳）は３年連続の赤字決算を報告した。もっとも出版事業はこの出版不況のなか黒字を出し続け、２０１１年3月11日の東日本大震災後、自社ビルの耐震化改修工事の工事費の支出とテナント収入がゼロとなった結果である。

創業１１５年。木下立安が創刊した鉄道専門紙「鉄道時報」をルーツとする出版社で、時刻表を発売し、鉄道年鑑をつくるなど鉄道関係の出版物の最大手だった。１９０１（明治34）年に初版を発行した『鉄道曲線測量表』は、現在も作業現場で重用されている超ロングセラー本だ。専業主婦から社長となった柴山は「ことしに入ってバタバタとテナントが決まった。2014年度は黒字決算で間違いありません。由緒ある会社を私の代でつぶすわけにはいきません」と語り、社長自ら全国の常備書店へ営業に駆け巡っている。

第2章

伝説の特ダネ記者・青木槐三（1897〜1977）

若き日の青木槐三
（ベルリン外遊時か）

日本八景

新聞社が募集した人気投票に、全国から寄せられた郵便はがきが1億枚——。郵便局がびっくりした空前の出来事だった。おそらく絶後であろう。正式に受理された応募はがきは9348万1778枚。当時の日本の人口が6200万人足らずだから、国民1人当たり1・5枚出した勘定だ。前年の1926年暮れに大正天皇が崩御されて、郵便局は年賀状の引き受けを中止しており、「諒闇《りょうあん》で不用になった年賀郵便に相当する」といわれた。「取り扱われた情報量の多さにおいて、わが国の情報メディア史上、特筆に値する出来事であった」（江戸東京博物館学芸員・新田太郎、2005年「美しき日本—大正昭和の旅」展の図録から）

1927（昭和2）年、「大阪毎日新聞」（大毎）と「東京日日新聞」（東日）が募集した「日本新八景」選定である。

この企画を社内提案、裏方として成功に導いたのが、「東京日日新聞」伝説の鉄道記者・青木槐《かい》三《ぞう》だった。当時29歳。社長賞として本山彦一社長から150円を受け、「ナルダンの時計を記念にした」とエッセーに書いている。当時青木の月給は130円。ナルダンの時計とは、スイス製の正確無比の高級ブランド「ユリス・ナルダン」。さすが鉄道記者といおうか。

本山彦一（1853〜1932）は「大阪毎日新聞」中興の祖といわれる。1903（明治36）年から1932（昭和7）年まで30年にわたって社長を務め、大阪で朝日新聞と激しくトップを争い、同時に東京進出を図って「東京日日新聞」を合併、全国紙体制を整えた。やり手経営者だった。「サンデー毎日」「英文毎日」「点字毎日」を新社屋（堂島）完成記念で1922（大正11）年に創刊した。さらに翌1923（大正12）年、経済誌『エコノミスト』を創刊した。「大毎、百万を突破」「大毎、大朝（大阪朝日新聞）を追越す」「東日、東京一位を占める」「東日も百万を突破」。これは『毎日新聞百年史』（1972年刊）にある大正末期から昭和初めの販売部数の伸びを記した部分である。「大毎」「東日」に勢いがあった。

青木は、本山社長について「本山翁こそ鉄道記者であった」と、大先輩記者に敬意を表している。それもそのはずで、本山は経営者として「大毎」へ来る前、山陽鉄道会社設立の事務を仕切り、同社をはじめ九州、南海、近江鉄道などの取締役を務めている。鉄道に造詣が深いのは青木以上だった。

本山は、福沢諭吉門下生。諭吉に信頼されて「時事新報」の会計を担当。会計の後任を任せた、若手の社説記者・渡辺治を主筆に招き、26歳の「大阪毎日新聞」初代社長を誕生させたことは、第1章で紹介した。

青木にはヨーロッパ長期出張のご褒美もあった。金３０００円の打切り出張旅費をもらって、半年間ヨーロッパの鉄道事情を見て回った。帰国後、大阪本社で毎月開かれていた社員会議で講演をした。「ドイツの鉄道は５万３０００キロ。内１５６３キロ電化しており、日本より狭いドイツが日本の4倍のキロ数をもっている」

青木はベルリンの鉄道省駐在員湯本昇（１８８９〜１９７２）を訪ね、ベルリンの市街地鉄道を視察している。東京駅はターミナル駅の頭端駅でなく通過駅になっているが、通過駅の効率のよさを現地で見ている。湯本は「幻の中央アジア横断鉄道」建設立案者として知られる。

さて「日本新八景」騒動である。募集の社告が掲載されたのは、4月9日。「日本三景（松島、天橋立、安芸の宮島）は箱庭式の景勝。交通の開けた今日では物足りない」というのが、企画の趣旨だった。大正から昭和へ。新しい時代に、箱庭的な「日本三景」ではなく、もっとダイナミックな「新しい風景」、観光ニッポンの新資源を探そう。今でいうディスカバー・ジャパンである。

選定方式は、「八景」をジャンル別に投票で選ぶ。その「八景」は、【山岳】【渓谷】【瀑布】【河川】【湖沼】【平原】【海岸】【温泉】の8部門。まず読者から推薦投票を募る。各ジャンルのベスト10を候補地として、学識経験者や専門家らで構成する審査委員会にかけ、「新八景」を決定する。「新八景」は、鉄道省公認とされ、「種々の方法によって永く紹介する」と同時に、入選新八景に

日本八景の審査風景（右に立っているのが青木槐三）、大阪毎日新聞社にて

著名文士と画家を派遣し、その紀行文並びにスケッチを「大毎」と「東日」両紙上に連載するともうたっていた。

審査員、派遣文士・画家の顔ぶれが豪華だ。審査委員長は東京帝大教授・歴史学者の黒板勝美、文学者では谷崎潤一郎、田山花袋、泉鏡花、高浜虚子、河東碧梧桐、菊池幽芳ら。画家は横山大観、川合玉堂、竹内栖鳳、岡田三郎助、小杉未醒、松岡映丘、和田三造、三宅克己《こっき》ら。学者・文化人として日本山岳会初代会長小島烏水《うすい》、造園学の本多静六、田村剛、地理学の田中阿歌麿《あかまろ》、地質学の小川琢治（湯川秀樹の実父）、脇水鉄五郎、人類学・民俗学の鳥居龍蔵《りゅうぞう》、東洋史の内藤湖南、資生堂初代社長で写真家の福原信三ら日本の頭脳がズラリだ。

鉄道省は全面的にバックアップした。「日本三景はあるが、景色に対する理想のごときは、時代とともに推移するもので、箱庭的の景色は昭和の御代の代表的風景として必ずしも絶対的価値を持つものではあるまい。即ち今日の時代には今日のごとき時代の代表的な風景がある。今まで知られなかった風景もあろう。この際、大毎、東日が広く日本全国から新たに八景を選定し世界に日本の代表的風景として紹介せんとするは、実に時代に適した企てゞ愉快この上ないことである。真に日本的なさうした壮大な誇るに足るべき代表的風景が選ばれ、推称されることを願ってやまない」

井上匡四郎鉄道大臣の談話が新聞に載っているが、この談話の原稿を下書きしたのは、青木槐三に間違いない、と私は思っている。

社告が掲載されたのは4月9日。締切が5月20日。応募のはがきが「大阪毎日」「東京日日」両新聞社に殺到した。観光地が地域をあげて応募した。とりわけ締切が近づいてくるにつれ、トラック何台分もの応募はがきが運び込まれ、「床が抜けそう」「置く場所がない」などというれしい悲鳴が、次第にはがきに押しつぶされそうな恐怖にまで変わった。

日本全土、津々浦々までも
感激、奮起、熱狂せしめた

「新八景」争奪の大投票戦

これは「東京日日新聞」の社報（1927〈昭和2〉年5月31日）1面の見出しである。2、3面見開きで「はがきを積んだ本社のトラック」「徹夜ではがきの山の整理」の写真を扱い、「東京だけで締切り間際の19日は600万、20日は1000万、21日は1800万、22日は1500万」「東京中央郵便局開設以来のレコードとしてさすがの局員をして呆然からしめた」とある。地方の郵便局では、はがきが売り切れて、本局に「至急送れ」のSOSを出すところも続出した。

「投票戦の激烈さは殆ど想像以外で、全国到る所でこの噂でもち切りという有様である」として、その具体例として次のようにあげている。

・十和田湖のために決死の運動をつづけていた青森県県会議員の小笠原耕一氏が狂奔の結果、遂に脳溢血のために倒れた。

・各地の小学生が乏しい財布の中から5枚、10枚のはがき代を寄贈して郷土のために清き一票を投じ、東京の同郷者が結束して奮起した。

いかにもこの催しによって発露された清き郷土愛のあらわれとして激賞すべきものである。

ひとりで何枚出してもよかった。各景勝地では「保存会」「期成会」などをつくり、地元有力者らから寄付を集めて、「組織的な投票」をした。手書きでなく、ゴム印を押して、郵便局に持ち込んだ。騒動は全国各地で展開された。

投票はがきの枚数計算の正確を期して「投票精査委員」に、東京中央郵便局長・内藤勝蔵、郵便課長・関谷孝、監査課長・村松二三の各氏を委嘱している。

最終の審査委員会は、7月3日午前10時から丸の内の東京会館で開かれた。出席委員41人（欠席8人）。13時間にわたる大討論の後、最終決定したのは午後11時10分だった。

議論は白熱した。各ジャンルから3〜5の候補地を無記名投票、32勝を選んだ。この中から8つ、「八景」を投票で選定するのだが、それにもれた景勝地を「二十四勝」とすることを審査員全員の賛成で決めた。さらに動議が出され、100景の4分の1、「二十五勝」にすることになり、

【山岳】から立山が推薦された。

いよいよ「八景」の決着。調査してきた委員から報告があり、質問、反駁。蘊蓄を傾けた卓見の吐露、「興味ある風景論を戦わすこと約3時間」の末、討論終結。投票の結果選ばれたのは——。

【渓谷】上高地渓谷（長野県）

【河川】木曽川（愛知県）

【温泉】別府温泉（大分県）

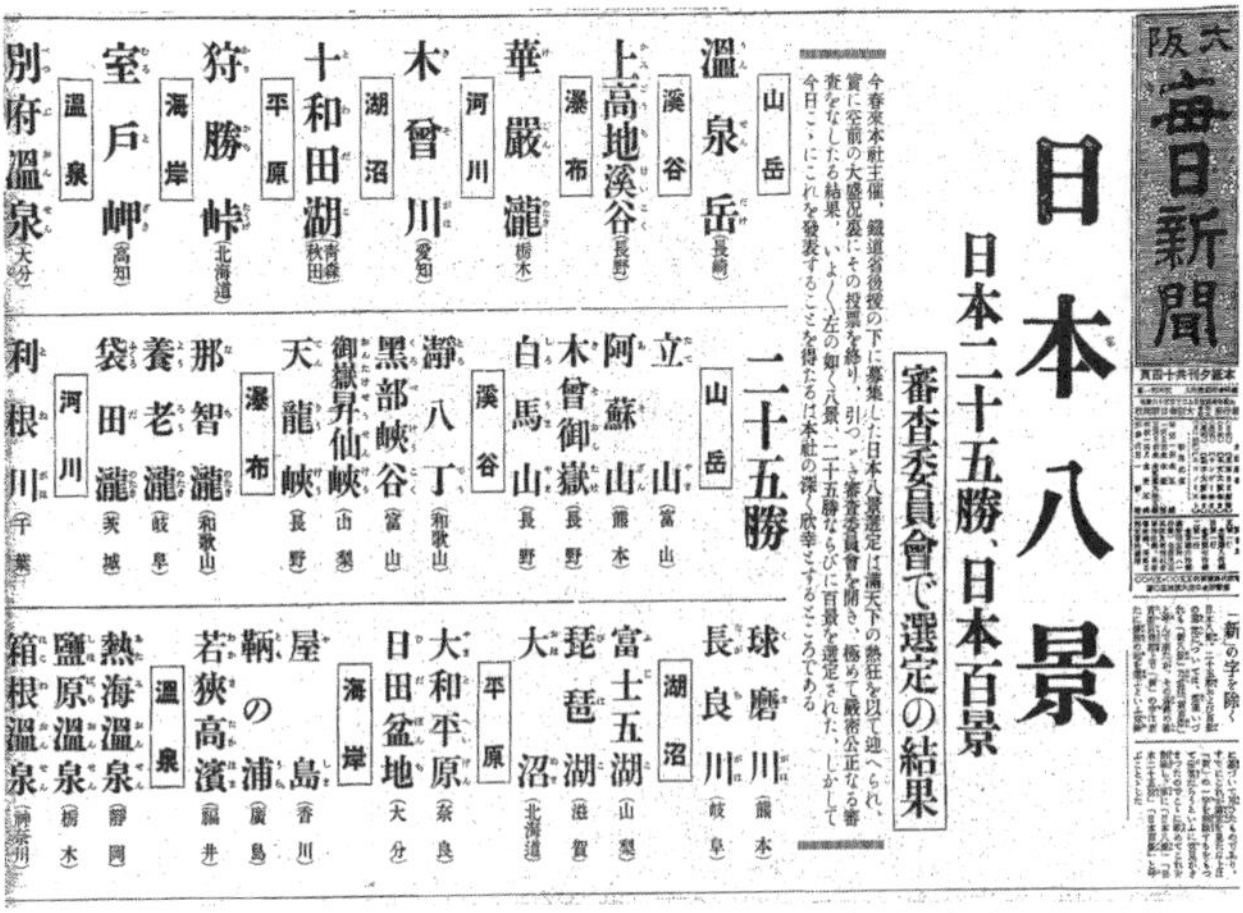
大阪毎日新聞

日本八景

日本二十五勝、日本百景

審査委員會で選定の結果

今春來本社主催、鐵道省後援の下に募集した日本八景選定は滿天下の熱狂を以て迎へられ、實に空前の大盛況裏にその投票を終り、引つゞき審査委員會を開き、極めて嚴密公正なる審査をなしたる結果、いよ／＼左の如く八景、二十五勝ならびに百景を選定された、しかして今日こゝにこれを發表することを得たるは本社の深く欣幸とするところである

【山岳】溫泉岳（長崎）
【溪谷】上高地溪谷（長野）
【瀑布】華嚴瀧（栃木）
【河川】木曾川（愛知）
【湖沼】十和田湖（青森 秋田）
【平原】狩勝峠（北海道）
【海岸】室戸岬（高知）
【溫泉】別府溫泉（大分）

二十五勝

【山岳】立山（富山）　阿蘇山（熊本）　木曾御嶽（長野）　白馬山（長野）
【溪谷】瀞八丁（和歌山）　黑部峽谷（富山）　御嶽昇仙峽（山梨）　天龍峽（長野）
【瀑布】那智瀧（和歌山）　養老瀧（岐阜）　袋田瀧（茨城）
【河川】利根川（千葉）　球磨川（熊本）　長良川（岐阜）
【湖沼】富士五湖（山梨）　琵琶湖（滋賀）　大沼（北海道）
【平原】大和平原（奈良）　日田盆地（大分）
【海岸】屋島（香川）　鞆の浦（廣島）　若狹高濱（福井）
【溫泉】熱海溫泉（靜岡）　鹽原溫泉（栃木）　箱根溫泉（神奈川）

「新」の字を除く

「日本八景」決定を報じる大阪毎日新聞1面。1927（昭和2）年7月6日付

【瀑布】華厳滝（栃木県）
【湖沼】十和田湖（青森県、秋田県）
【山岳】温泉《うんぜん》岳（長崎県）＝雲仙岳のこと
【海岸】室戸岬（高知県）
【平原】狩勝峠（北海道）

「大阪毎日新聞」は社会面トップで報じたが、その見出し――。

天下の名勝を論じて／火と燃えさかる熱弁
涙ぐましい愛郷の至誠と／貴い芸術的良心を見せた
最後の八景審査委員会

記事にこうある。林学博士本多静六は「上高地が敗る、なら、私はこの席から帰らして頂きます」と声涙共に下る熱弁を振るった。

これに対し地質学者の小川琢治は「瀞八丁は、実は九里八町である。私が地質学を始めた動機は全く瀞八丁のお蔭。それをとやかく罵倒せられては決闘のほかない」と訴えた。

そして二十五勝は——。

【海岸】屋島（香川県）▽鞆の浦（広島県）▽若狭高浜（福井県）

【湖沼】富士五湖（山梨県）▽琵琶湖（滋賀県）▽大沼（北海道）

【山岳】立山（富山県）▽阿蘇山（熊本県）▽木曽御嶽（長野県）▽白馬岳（長野県）

【河川】利根川（千葉県）▽球磨川（熊本県）▽長良川（岐阜県）

【渓谷】瀞八丁（和歌山県）▽黒部峡谷（富山県）▽御岳昇仙峡（山梨県）▽天龍峡（長野県）

【瀑布】那智滝（和歌山県）▽養老滝（岐阜県）▽袋田滝（茨城県）

【温泉】熱海温泉（静岡県）▽塩原温泉（栃木県）▽箱根温泉（神奈川県）

【平原】大和平原（奈良県）▽日田盆地（大分県）

さらに「日本百景」は——。

【海岸】鏡ケ浦（千葉県）▽唐津松浦潟（佐賀県）▽赤穂御崎（兵庫県）▽沼津湾・千本松原静浦（静岡県）▽室積湾（山口県）▽御浜鬼ケ城（三重県）▽蒲郡海岸（愛知県）▽青海島（山口県）▽鳥羽湾（三重県）▽忠海《ただのうみ》海岸（広島県）▽鳴門（徳島県）▽浦富海岸（鳥取県）▽高田松

原（岩手県）▽石巻海岸（宮城県）▽九十九島（長崎県）▽気仙沼湾（宮城県）▽松川浦（福島県）▽男鹿半島（秋田県）▽新舞子（福島県）▽九十九湾（石川県）▽下津井海岸（岡山県）▽江の島（神奈川県）▽錦江湾（鹿児島県）▽笹川流（新潟県）

【湖沼】菅沼（群馬県）▽宍道湖（島根県）▽加茂湖（新潟県）▽田沢湖（秋田県）▽一碧湖（静岡県）▽洞爺湖（北海道）▽霞ヶ浦（茨城県）▽猪苗代湖（福島県）▽中禅寺湖（栃木県）▽尾瀬沼（福島県・群馬県）

【山岳】清澄山（千葉県）▽信貴山（奈良県）▽英彦山《ひこさん》（福岡県・大分県）▽高尾山（東京都）▽赤城山（群馬県）▽大台ケ原山（奈良県）▽雪彦山《せっぴこ》（兵庫県）▽霊山《りょうざん》（福島県）▽千光寺山（広島県）▽霧島山（鹿児島県）▽淡路先山（兵庫県）▽石鎚山（愛媛県）▽筑波山（茨城県）▽朝熊山（三重県）▽妙義山（群馬県）▽駒ケ岳（山梨県・長野県））▽鳥海山（秋田県・山形県）▽大山（鳥取県）

【河川】保津川（京都府）▽古座川（和歌山県）▽宇治川（京都府）▽阿賀野川（新潟県）▽川上川（佐賀県）▽江川《ごうがわ》（島根県）▽富士川（静岡県）

【渓谷】長瀞（埼玉県）▽帝釈峡（広島県）▽長門峡（山口県）▽三段峡（広島県）▽恵那峡（岐阜県）▽祖谷渓（徳島県）▽奥裾花渓谷（長野県）▽奥多摩渓谷（東京都）▽神都高千穂峡

（宮崎県）▽耶馬渓（大分県）▽面河渓《おもご》（愛媛県）▽猊鼻渓（岩手県）▽寒霞渓（香川県）▽層雲峡（北海道）▽大歩危小歩危（徳島県）

【瀑布】赤目四十八滝（三重県）▽神庭滝《かんば》（岡山県）▽箕面滝（大阪府）▽魚住滝（大分県）▽富士白糸滝（静岡県）▽王余魚《かれい》の滝（徳島県）▽木曽田立滝（長野県）

【温泉】花巻温泉（岩手県）▽山中温泉（石川県）▽和倉温泉（石川県）▽三朝《みささ》温泉（鳥取県）▽芦原温泉（福井県）▽東山温泉（福島県）▽片山津温泉（石川県）▽伊東温泉（静岡県）▽嬉野温泉（佐賀県）▽青根温泉（宮城県）▽登別温泉（北海道）

【平原】姥捨（長野県）▽八ヶ岳平原（山梨県）▽久住高原（大分県）▽日本平（静岡県）▽富士駿州裾野（静岡県）▽飯田高原（大分県）▽兎和野《うわの》原（兵庫県）▽秋吉台（山口県）

観光地・上高地の誕生だった。穂高連峰をはじめとする北アルプスの登山基地に、ハイヒール客も訪れるようになった。地元では「上高地入選期成同盟会」が結成され、60万票を集めた。トップ天龍峡の312万票には遥かに及ばない11位だったが、大逆転で「日本八景」に選ばれた。

小島烏水は、こう応援演説をした。「上高地を推すゆえんは、槍、穂高、常念をも包含しての話であって、もしこれを削除して他に渓谷を持って行くなれば、断じて承服ができないのです」と。

「大毎」は、日本新八景の選定と同時に、「新」をはずして「日本八景」と呼ぶことにした。

反響が大きかった分、リアクションも強かった。選に漏れた景勝地の地元で、「大阪毎日新聞」、「東京日日新聞」の不買運動が起きたのだ。これには販売当局が大慌てとなった。

上高地に毎夏、毎日新聞の臨時通信部が開設された。夏山遭難の警戒が主な仕事で、長野、松本支局員が1週間交代。かつては小梨平のキャンプ場にテントを張り、そこに寝泊まりしたようだが、筆者の時代は、北アルプス南部遭難対策協議会の事務局が置かれた上高地帝国ホテルの管理人小屋が拠点だった。

思い出は冬山遭難者の荼毘《だび》。雪解けで遺体が発見され、〽いつかある日　山で死んだら、の合唱で送る。泣き崩れる遺族。現在上高地で荼毘は禁止されている。

北ア西穂高岳で松本深志高校のパーティーが落雷に遭い、11人が死亡したのは1967（昭和42）年8月1日だった。上高地駐在は、筆者の2年後輩長崎和夫（のち政治部長、論説委員長、専務取締役）。下山してくる登山者に「写真を撮っていないか」と尋ね、翌日の1面トップで現場の生々しい写真を掲載した。長崎は、記者1年生の時に松代地震で地滑りに遭遇、社会面トップで署名記事が掲載された。巡りあわせのよい（?）記者である。

駆け出し時代

青木槐三は1897（明治30）年、東京浅草で生まれた。新堀小学校卒。すでに廃校となって、都立白鷗高校付属中学校の校門脇に「新堀小学校跡」の石碑が建っている。

3歳年上の先輩に片岡謌郎《うたろう》（1894〜1966）がいた。片岡は1920（大正9）年、東京帝大法学部を卒業して鉄道省入り。大阪鉄道局運輸課長時代に『鉄道用語辞典』（博文館1935年刊）を企画するなど、貨物畑を歩いた仕事師。日本通運の生みの親であり、国鉄の公傷退職者の福利厚生からスタートした鉄道弘済会（現公益財団法人）をつくり、戦時中は「陸輸新報」を発行する財団法人陸運協力会（現公益財団法人交通協力会）の初代理事長。その一生は高坂盛彦著『国鉄を企業にした男　片岡謌郎伝』（中央公論新社2010年刊）に詳しい。

私立錦城中学（現錦城学園高等学校）を卒業して、2年後の1919（大正8）年、「中央新聞」の記者になった（『鉄道史人物事典』）。

青木は「大正8年から昭和11年まで鉄道担当記者たり」と書いている。「中央新聞」から「時事新報」、さらに「東京日日新聞」と移った。鉄道記者ばかり18年。その思い出、活躍ぶりをそちこちに書き飛ばしている。ほぼ1世紀前の鉄道記者の姿を追ってみよう。

まず入社当時の政治状況。「中央新聞」は原敬総裁の「立憲政友会」の機関紙だ。その原敬が前年の1918（大正7）年9月29日に総理大臣となった。鉄道院総裁は、内務大臣床次《とこなみ》竹二郎の兼務。次官石丸重美は、「歴代次官中、一番権力をほしいままにした人物」「政友会の政党色を真っ向にかざし、人事の異動が激しく」とある。人事課長福富正男、文書課長岡田憲一。

「僕は駆け出しの悲しさ、鬼次官はおろか、偉い人々にはめったに逢わなかった」

駆け出しの社会部鉄道担当の仕事は、事件・事故の警戒だ。本省のエライさんのところへ取材なんて、とてもおぼつかない。朝一番の仕事は、午前9時に東京駅長室に行って、名物駅長高橋善一（1856〜1923）に挨拶することだ。

新聞の片隅に「名士往来」欄があった。政治家や実業家、政府のトップら、政財官界のエライさんの動向を東京駅に発着する列車の客から拾う仕事だ。

高橋は、駅夫として鉄道マンとなり、車長（車掌）をしているときに鉄道局長井上勝に取り立てられ、1881（明治14）年馬場駅（現東海道本線膳所《ぜぜ》駅）の駅長となった。その後、長浜―武豊《たけとよ》―名古屋―大阪駅長から新橋駅長。1914（大正3）年に東京駅が開業すると、初代東京駅長になった。第1章で井上勝がロンドンで亡くなって、遺骨が神戸港に帰ったとき、迎えに出て、その柩を新橋駅までお守りした。その気持ちがよく分かる。1923（大正12）年3月に退職したが、その2カ月後の5月20日に乗っていた自動車が神田上水に転落して、亡くなった。66歳だった。

名士かどうかは、高橋駅長の挙措で分かった。

《駅長室に入ってくる人物が高橋駅長に挨拶する。その時、駅長が不動の姿勢をとって、耳の上まで手をあげて、挙手の礼をするのは大官中の大官で、普通はちょっと軽く手を肩のところまであげる。これが名士である。駅長の挙手が肩より下なら名士でない》

威張った駅長だった。《いつも椅子がひっくり返るほど反り返っていたが、新聞記者には愛想がよく、おゝ若いの、種拾いもつらかろう、いい種あったかネと云うが、雇人や雇員には、この馬鹿野郎、はまだいい方で、このどんちくしょう、などとやる。口の悪いオヤジだった》「ド間抜け」「大馬鹿野郎」「大メシ食らい」「チト脳を働かせ」。いつも怒鳴りつけていた。しかし、宮様の先導などは堂に入ったもので、退職の話があるたびに、宮様関係方面から口添えがあって、退職を免れていたという。

当時の新聞記者の服装——。

オヤジのお古の紺の背広、または綿入れの結城紬《ゆうき》に角帯、紬の袴に雪駄。「江戸ッ子趣味が和服に横溢していた」と自慢気に書いている。

「中央新聞」整理部長田村西男は、築地小劇場に出演していた人気女優田村秋子の父親。シャレ者で、「縫絞り壁羽二重の羽織に角帯、結城の着流という装束」と続けているが、和服といえば浴衣しか着たことのない戦後育ちの私には、チンプンカンプンである。

頭髪。オールバックが流行っていた。長髪はインテリの象徴。《新聞記者は長い乱れ髪を指でスッとかきあげるのが、たまらなく知識人のような気がした》

米カリフォルニア大学を卒業した新編集局長・小林絹治（当時29歳、のちに衆議院議員。元毎日新聞政治部記者で新自由クラブ結党に参加した元衆院議員小林正巳の父親）が「断髪令」を出した。「アメリカでは君達みたいな虚無主義者のような長髪乱髪の記者はいない。新聞記者は人に毎日接するのであるから、キチンと散髪をして身だしなみをよくすべきである。明日から長髪を禁じる」

拗ね者ぞろいの新聞記者に「局長命令」がすんなり受け入れられるものではない。翌日、断髪して、七三に分けて出勤したのは新人の青木槐三だけだった。

《局長がオイデ、オイデをするので、何事ならんと局長室に行くと、君は素直な男だ、付和雷同しないところが気に入ったといって、月給25円を倍増することを約束したうえ、大枚30円のクチ

ャクチャの札を握らされた》

月給は翌月から50円に跳ね上がった。中堅記者並みになった、という。

しかし、青木の若い記者時代の写真を見ると、オールバックの長髪である。《かつて鈴岡正矣さん（元鉄道省監督局業務課長）が鉄道の勅任官の時代、君と僕だけだね、役所の中で長髪なのは、役人はどうしてあゝ頭を短く刈るんだろう、と共鳴して、長髪連盟のお蔭で大分特ダネをもらったことも覚えている》

記者クラブで他社の記者から記事の書き方を教えてもらう。これは私が初任地長野支局でサツ回りをしたときと、全く同じだ。他社の先輩記者が書いた原稿を見せてもらい、それを写すのである。むろん交通事故とか、盗みで逮捕などの発表ものの刑事事件。そんな中で、特ダネ競争もしていた。

「二六新報」「国民新聞」「読売新聞」と渡り歩き、小説家でもあった沢田撫松（1871〜1927）。《この人の原稿を写しにさせてもらって、記事の書き方を覚えた。…愚にもつかぬ記事の蒐集はチンピラ記者たる僕の役目だった。東鉄（東京鉄道局）、東京車掌区、東京駅、新橋管理部、1日3里位克明に歩くのである。必ず歩くのである。足で記事を書くのである》

と「歩く」を強調している。

《足を摺古木にしてホトホト歩いて、それで記事がない。記事がなければ社に帰れない。そこで泣きたくなるほど気が弱くなり、何の因果で新聞記者などを志願したかと、何度もうらめしく思い、コソコソと社へ帰ると、老練な先輩記者が颯爽と鉛筆を走らせたり、もう記事を書いてしまって雑談をしている。味気ない気持で小さくなっていると、社会部長がヒマならひとつこれをやってくれ、と言いつけるのがきっと心中者の女の写真とりといった次第。だが翌日はビッグニュースにぶつかって、それが活字になると、そのインクの匂いをかいで、自分で書いて百も承知している自分の記事を何度も読み返し、足も軽く独寝の下宿に帰るのだった》

福島県警部補

青木は、1977（昭和52）年1月31日、79年の生涯を閉じるが、その追悼文を元読売新聞社会部記者の稲葉熊野が書いている（「汎交通」1977年4月号）。この中に思わぬ記述がある。「僅か2年でここ（「中央新聞」）を退社、福島県庁の警部補を拝命している」

新聞記者をやめてお巡りさんになってしまったのだ。福島県警警部補。こんな転身が可能な世の中だったのだろう。

稲葉はその間の事情を青木から直接聞いた、とこう続ける。

「福島県はその頃から政争の激しいところで、なんでも政界の某大物の要請で、反対派の情報収集の特命を受けて赴任した」

中央新聞に入社したのが大正8年、僅か2年で退社したというと大正10年だ。その時の福島県知事は、宮田光雄（1876〜1956）。首相の原敬に目をかけられ、勅撰貴族院議員から官選知事となった。宮田はその後、1927（昭和2）年に警視総監にまで上り詰めている。宮田はさらに1936（昭和11）年にプロ野球「大東京軍」が発足した時、球団の出資元「国民新聞」からの要請で取締役会長に就任した。球団代表（常務）に元国民新聞社会部長の鈴木竜二（のちに日本野球連盟会長、セントラル・リーグ第3代会長）を据えた。

政友会の某大物とは誰のことをいっているのであろうか。気にかかるのは、青木が『人物国鉄百年』（中央宣興社出版局1969年刊）の中で「青年時代、私は原敬を知っていたことが、後に鉄道の記事を採るのに非常に得をしたことを思い出すのである」と書いていることである。また別のエッセーには「政友会の総裁室に何度も訪問した」「新聞記者のなりたてに、盆と暮れ、原敬からといって20円ずつの賞与をもらった」とある。

「平民宰相」原敬（1856〜1921）も新聞記者出身である。南部藩から上京したのち、1879（明治12）年「郵便報知新聞」に入社。フランス語新聞の翻訳を担当していた。その後

「大東日報」主筆。官吏となって外務次官までなるが、１８９７（明治30）年には「大阪毎日新聞」に入社し、翌１８９８（明治31）年に社長に就任している。
１９０２（明治35）年、盛岡市選挙区から立候補して衆議院議員に初当選。１９１８（大正７）年９月29日総理大臣に就任、１９２１（大正10）年11月４日、東京駅で暗殺された。享年65。
「我田引鉄」という言葉が生まれたのは、政友会内閣の時代といわれる。原敬は、後藤新平の後を継いで第２代鉄道院総裁となり、総理大臣時代の１９２０（大正９）年には、鉄道事業の権限強化・独立を目指して、鉄道院を鉄道省に昇格させている。

「鉄道は票になる」

東海道新幹線は、レール幅、軌間が１４３５ミリ（４フィート８インチ２分の１）である。日本では、在来線の軌間１０６７ミリ（３フィート６インチ）に対し「広軌」と呼んでいるが、世界的には「標準軌」である。ロシアの鉄道など標準軌より広いレール幅を採用している国もいくつかある。

第１章で日本の鉄道をつくった井上勝が「狭軌に決めたことは慙愧の念に堪えない」と後悔していることを紹介した。世界の鉄道並に東海道線を広軌にしてスピードアップを図ろうという考え方である。これに対し政友会は「幹線の広軌化よりも鉄道を全国津々浦々まで建設する方が国土の発展につながる」という逆の政策を遂行した。

鉄道の建設を主とし改良を従とする「建主改従」である。広軌派の主張は「改主建従」といわれた。

原敬内閣は、鉄道省が発足した1920（大正9）年12月、全国に149路線、1万キロに及ぶ鉄道網を広げるための「鉄道敷設法改正法律案」を国会に提出した。衆議院は通過したが、貴族院で審議未了になった。しかし、原敬の後を継いだ高橋是清内閣（政友会）の手で、1922（大正11）年2月に成立した。採算のとれない赤字ローカル線が生まれる元凶でもあった。

青木槐三が、のちに東海道新幹線建設の、いわば応援団長として旗振りをするのは後で紹介するが、青木自身「私は、大正10年の後期に田舎落ちをした」と書いている。田舎落ちは不本意だったはずだ。原敬とはどんな関係にあったのだろうか。

特急「つばめ」誕生秘話

《昭和5年にできた超特急つばめ列車の新設には、鉄道記者に思い出がある。鉄道記者も鉄道の中で暮らして一かどの鉄道通らしく振まっていた》＝青木槐三著『国鉄』（新潮社ポケット・ライブラリ1964年刊）

青木の特ダネ自慢話にしばらく付き合っていただきたい。

《昭和4年の夏のある日、鉄道省の運転課長に大阪から結城弘毅（1878〜1956）が転任して来た。結城は運転界の異才との評判高く、私鉄山陽鉄道出身の技師で、山陽鉄道の快速列車の運転を実地にやったり、列車運転士の改革をやって勅任官のポストであるオール日本の列車指揮の任に就いたのだった。

新任の課長をまず訪問して一問一答をするのが鉄道記者の習慣である。

鉄道記者は、結城に外国と比較して日本列車のスピードのノロイことを挙げて、スピードアップを提唱した。すると彼は、大阪の運転課長の頃から列車のスピードはもっとあげられることができるとの信念を持っていたという。

それでは東京・大阪間は現在12時間近いが、これをひとつ詰めて見てはどうかと誘った。彼はすぐ隣のF技師（福井国男〈1889〜1971〉のちに奈良電鉄社長、交通科学館館長）を呼んで、噂のごとく鬼才ぶりを発揮した。それは間髪をいれずだった。

「F君、東京・大阪をノンストップで飛ばすんだ。機関車は新造しないで、C51車両を用い、編成は8両だ。水は走行中にすくうことにする。箱根山の勾配は列車の進行中に補機をつけて押すんだ。そうして仕事がすんだら進行中にはずすんだ、走れるだけ走って何分だ」

立板に水を流すように目をつむって命令するのを聞きながらF技師の計算尺はその度に動いて行く。

「9時間余につめられます」

「いや9時間なら神戸に着く、大阪へは8時間で行けるぞ」

F技師はまた計算尺を挙げたり、下げたりして、

「8時間、きっちり、大丈夫です」

F技師の前には線路の曲線、勾配を書いた巻物が一杯ひろげられている。

彼は鉄道記者に向かって、おききの通り、東京・大阪ノンストップで8時間で走れる旨を告げた。走れるなら走ってはどうかときくと、もちろん走るさとの答えだった。

「F君、2、3日中に試運転をやってくれ」

という。

鉄道記者はこの降って湧いたような大ニュースに身体が顫えるほどだった。

「新聞に国鉄が東京・大阪間を、いまより3時間速い8時間強のスピード列車を走らせる計画があると書いて差し支えないですか」

「差し支えない。君、明後日鶴見付近で試運転をやろう。こんな改革をしたいと思っていたのだ。

新聞記者との話で決心がついた。必ずやる。君も援助することを約束しろよ」
鉄道記者は飛んで帰ってこれをニュースにした》

☆1929（昭和4）年12月4日から試運転開始。
下り東京―大阪494分18秒。2時間48分32秒短縮。
上り大阪―東京487分32秒。2時間37分32秒短縮。
最高速度63マイル（時速102キロ）
平均速度43マイル（時速69キロ）
＊外国旅客列車平均速度中最高速
巴里《パリ》―シェブール間　時速113キロ
ロンドン―スウヰトン間　時速103キロ

☆公式試運転（1930〈昭和5〉年7月3、4日の2日間）1万2000人の応募者から抽選で300人が試乗。
《試乗の新聞記者は、進行中の列車で原稿を書き、走行中の列車から原稿を投下し、…夕方、神

戸に無事到着してみたら『大毎』（大阪毎日）の一面は自分が投下した記事によって、全面感激の文字をもって埋められていた》

青木が車内でなぐり書きした原稿を、停車する駅で支局や通信部の記者が受け取って本社に電話送稿をした。車内電話も、携帯電話も、パソコンもない時代である。

「大阪毎日新聞」夕刊社会面は、半分以上を試運転の記事に割いた。

『超特急』に試乗して　青木特派員

これが社会面トップの4段抜き見出しで、そのあとに――。

東海道をまっしぐら

早くも無事神戸へ

東京から僅か8時間59分

素敵！乗心地は満点

【国府津にて第一信】スピード時代のトップを切って東京大阪間8時間23分、神戸まで8時間59分で突っ走ろうといふわが国鉄道史上画期的の超特急列車試運転は3日行はれた。東京駅発車が午前7時23分。駅では江木（翼《たすく》）鉄相がジッとしてはをられぬといふ風に姿を現はし、その他物珍しさの見送り客およそ2百名で大賑ひ。

五十八マイル！／急流に乗る思ひ

卅三マイルの速度で／グングンと箱根越え

超特急ならでは味はへぬ快感／機関車の状態良好

【沼津にて第二信】【浜松にて第三信】【名古屋にて第四信】【大垣にて第五信】

得意満面の青木の姿が想像できる。大阪駅には午後3時46分、予定の8時間23分で「安着」した。同乗の鉄道省大久保運輸局長、吉田東鉄局長らがホームに降り、出迎えの大鉄局員に挨拶。4分停車後に発車、終着神戸駅には午後4時22分に到着した。

「超特急」に試乗して　青木特派員
東海道をまっしぐら
早くも無事神戸へ
東京から僅か八時間五十九分
素敵！乗心地は満點
五十八マイル！
急流に乗る思ひ
女優や七十七のお婆さん
賑やかな試乗車内
女優
「次は名古屋」
お辨當其他の買入で
國府津の混雑
超特急の東京驛出發（上）と見送る江木鐵相（下）

青木槐三特派員による超特急「燕」試運転ルポ紙面。1930（昭和5）年7月4日付「大阪毎日新聞」夕刊。左端の背広姿は東京駅で見送りした江木翼鉄道大臣

☆１９３０（昭和5）年10月1日　超特急「つばめ」誕生
東京駅発9時→大阪駅着17時20分→神戸駅着18時
神戸駅発12時25分→大阪駅発13時→東京駅着21時20分

「つばめ」は7両編成だった。先頭のＣ51蒸気機関車・炭水車に荷物車＋3等車＋3等車＋食堂車＋2等車＋2等車＋1等車の7両がつながる。従来の特急11両編成と比べ4両減。乗車定員は1等車24人、2等車１２０人、3等車２２６人の計３７０人。停車駅は、横浜、名古屋、京都、大阪で、あとは運転の必要上の停車。まだ丹那トンネルはなく、25パーミルの勾配がある御殿場線経由。下りは国府津、上りは沼津駅に停車して補助機関車を連結した。下りは大垣―関ヶ原間にも25‰の勾配があったことから大垣駅で、もう一度補助機関車をつけた。停車時間は、いずれも30秒。補助機関車の切り離しは、走りながら行った。

走りながらといえば、機関士・機関助士の乗務員の交代も走行中に行った。「交代地点の沼津が近づくと、客車に待機していた乗務員は、客車から水槽車に乗り移り、側面のブリッジを辿って、炭水車に乗り移る。今度は炭水車の石炭の中を通り抜け、運転室に辿りつく。今まで運転していた乗務員は、この逆ルートで客車に移動する。時速90キロで走行中の交代劇は、まさに命がけの離れ技だったといえよう」（増田浩三編著『栄光の超特急〈つばめ〉物語』（ＪＴＢ２００４年刊）。

給水をどうするかも問題だった。30トンの水を積む炭水車３両を計５万４０００円で新造した。

「危険だ」「それまでしてスピードアップする必要があるのか」という反対意見が強かった。超特急列車の実現に青木は面目躍如だ。《執拗な反対と闘って半歳、いまはその苦労もけしとび、喜色満面として凱旋の心を鼻先にぶらさげながら、僕は大功労者というわけで菊水の宴にのぞんでビールを飲んだが、あのときのビールくらい一生忘れられぬうまい味はなかった》

特ダネ記者の転身

「鉄道を研究する上に、人物と鉄道との関係がもっとも興味が深く、鉄道それ自身より鉄道をつくり動かしたその原動力と、鉄道とのつながりに面白さを覚える」（『人物国鉄百年』）

書くのは鉄道記事ばかり。まだ鉄道創業の頃の人が存命で、「いまのうちにナマの話しを聞いておかなくては」と、国鉄の先輩たちを尋ね歩いた。

鉄道記者にとって最大のスクープは、白紙ダイヤ改正の内容を事前に報道することだった。国鉄の幹部がどんなに極秘扱いしても、「東日」はスクープした。最後には「テーブルの下に隠れていたのでは」とまでいわれた。

青木は「現場にはしょっちゅう足を運んでいたので、ダイヤ改正のころになると、実際に列車を動かしている現場で顔見知りの職員からさりげなく取材、アウトラインをつかんだのち、幹部に確認をとる」とその取材法を公開しているが、それだけで新聞に書ける正確なダイヤをつかめたとは思えない。

「素破抜いたと云ってもいつも東京駅の着発時刻位なものであった」と書いているものもある。ネタ場は東京駅の操車主任室。「操車ヤードの線路は手順がむづかしいから、（ダイヤ改正は）先づ此処から固めてかかる」。だから壁に貼ってある新ダイヤをメモすれば、東京駅の主要列車の発着時刻は簡単に入手できた、という。

《ピタリ、ピタリ。運転の当局者にその時刻を云うと、何処で手に入れたのか、と不思議がって、どうせ知っているなら警戒しても無駄だと観念するのか、別に広げた極秘ダイヤを見ても警戒しなくなる。そこで完全な時刻表ができるわけだ》

「ブツをつかめ」。ダイヤそのものを入手するのが一番だ。国鉄部内や外注の印刷所で、ゴミ箱まであさってダイヤの刷り残しや原紙を入手しようとしたことを別のエッセーで告白している。「海の家」の名付け親、「空高くハイキング」の標語をつくった。今でいうミステリー列車、行先不明列車の運転を提案した、などなど国鉄のヒット商品にも貢献した。

１９３２（昭和7）年8月、社会部副部長（デスク）になった。しかし、4年後の１９３６（昭和11）年1月に退職する。ジャパン・ツーリスト・ビューローと呼ばれていた現在の日本交通公社に入り、月刊誌「旅」の編集に携わることになった。

「あれほど情熱を傾けていた記者生活からどうしてビューロー入りを決意したのか」と後輩の元読売新聞記者・稲葉熊野が追悼文に書いているが、社会部デスクまでなり、将来も嘱望されていたのに何故、と私もそう思う。青木先輩に何があったのだろうか。

１９４０（昭和15）年秋から終戦までは華北交通の東京支社次長を務め、戦後は有楽町の日本交通協会の図書室に机を置いて、「何かに憑かれたような勢いで原稿用紙を埋め始めた」（稲葉の追悼文）。

『國鉄を育てた人々』（交通協力会１９５０年刊）
『鉄道黎明の人々』（交通協力会１９５１年刊）

『国鉄繁昌記』（交通協力会1952年刊）
『鉄路絢爛』（交通協力会1953年刊）
青木がいう「鋳落とし」4部作である。『国鉄』（新潮社　1964年刊）、『人物国鉄百年』（中央宣興社出版局1969年刊）などの著書の他、日本交通協会の機関誌「汎交通」に「老記者の手帳」など思い出話を延々と連載した。国鉄が発刊した『日本国有鉄道百年史』（本編14巻、年表など計19巻）の修史委員会の外部委員も務めている。

東海道新幹線

しかし、最大の功績は、「赤紙で召集された」国鉄総裁・十河《そごう》信二（1884〜1981）が進めた東海道新幹線の実現に尽力したことであろう。技師長に島秀雄（1901〜1998）をカムバックさせる人事。青木はこれに関係していた。

「当初、島は（技師長就任を）固辞し続けて、（十河の）説得は難航した。この間、島は何度か青木に相談を持ちかけ、次第に説得されていった様子が、島の日記からうかがえる。1955（昭和30）年秋のことである」と、ノンフィクション作家の高橋団吉が書いている（週刊朝日百科『歴史でめぐる鉄道全路線』No37、評伝・鉄道の人青木槐三、2010年4月4日刊）。

左から青木槐三、元国鉄総裁十河信二、元国鉄技師長島秀雄（東海道新幹線が評価され、島が1969年ジェイムズ・ワット賞を受賞して、そのメダルを前に撮影）

高橋は、『新幹線をつくった男：島秀雄物語』（2000年刊）、『春雷特急　新幹線をつくった男・十河信二物語』（2004年刊）を相次いで小学館から発刊、『島秀雄の世界旅行1936〜1937』（技術評論社2008年刊）も労作で、東海道新幹線生みの親である十河信二、島秀雄に迫った。

青木は東海道広軌新幹線期成会をつくって役員となり、機関紙「新幹線だより」を発行して、応援団長をつとめた。

新幹線が完成し、期成会解散となった最後の「新幹線だより」で青木はこう書いている。

《できた新幹線を謳歌し紹介宣伝することはやさしい。海のものか、山のものか判らず、無駄なこと無用なこと大艦武蔵・大和級であると批判されたり、まだ専門鉄道界ですら二の足を踏むとき、これが期成にふみきり、暖かい支援を送って下さった期成会員の方々にあつくお礼を申しあげる》
東海道新幹線は、決して時代の要請でつくられたものではないのである。

十河信二の弔辞

青木は、1977（昭和52）年1月31日に亡くなった。79歳だった。十河や島ら国鉄関係者が発起人になって開かれた「偲ぶ会」に、92歳、日本交通協会会長の十河は車イスで現れ、遺影に向かって号泣した。十河の追悼文「青木槐三君を偲ぶ」を紹介したい。

《年をとると眠れぬと人は言うが93歳の私はいつでも快眠できる。ところが去る1月31日は夜半より目が醒め一晩中眠れず朝を迎えたところ突然青木槐三昇天の報を聞き、驚天した。

つい4、5日前に直筆の手紙に添えて病床で撮ったという白いアゴ髯の元気そうな写真を送ってくれたばかりだった。「風邪をひかぬよう切に願います」と繰り返し自分の病気より私の健康ばかり心配してくれる切々の友情に泣かされたばかりであったのに。

愛孫の写したという写真を見ても、又手紙での「2人で歌や詩を談じたり、政治を、人生を、道を、肩をよせて語った時ほど私の一生で楽しい時はなかったとしみじみ思います。春3月暖かくなるのを待って居ります。養生専一に致します」と、いつになくしんみり書かれている文面を見て、再会の日を楽しみに待っていたのに、唯々、人生の無常を嘆ぜざるを得ない》と前置きし、さらに続ける。

《青木は東京下町浅草の生まれで生粋の江戸っ子だった。成人してから我邦の歴史伝統を重んじ、神国らしい国家国民を作ろうと言論界に身を投じ、各界の知名の士、偉人と接触し、指導教養の取材に真剣な努力を傾けていた。健実な民主主義国家の基礎作りで、縁の下の力持ともいうべき地味な、而も困難な仕事である。仏教で所謂、心無罣礙《しんむけいげ》（心にわだかまりがない）の境地で生涯を捧げ尽くしたのであった。

此間、彼は接触した各界の事業の中で、国鉄の業務に最も関心を深くし、とりわけ後藤新平に最も強く惹き付けられ、敬愛の情を濃くしたのであった。

国鉄を作った後藤は、交通機関の使命を東西南北自然と自然、社会と社会、文化と文化を融合せしめ、一体化せしめるにあると信じ、先づ国鉄一家の基本理念を吾々に訓えてくれた。

報道陣営に身を投じた青木の使命感も亦同様で、この使命感人生観が、国鉄と後藤とを通して青木と私とを結び付け、心と心、魂と魂とを触れ合わせた。彼が今生で最後の夜、私がどうしても眠れなかったのは、彼の魂との訣別の刻であったのだろうか。

青木は常に鉄道に深い関心を持ち、国鉄一家の人々以上に国鉄の経営に心を配り力を尽くしてくれた。又青木の活動範囲は極めて広汎であって、国鉄本庁の業務を始め国鉄業務社の全般に亘り、総合的であり、その上政治経済社会文化各方面にも心を致らせ、兎角レールの上に制限せられ勝ちな国鉄一家の見聞の届かない点にも及ぶなど、国鉄及関連業者にとりては隠れたる極めて得難いアドヴァイザーでもあった。是れ青木の重宝がられ、各方面で歓迎せられた所以である。

青木も亦、彼自身に何の関係もない問題でも、国家国民、特に国鉄に影響を及ぼす問題に就ては我事の様に気を配り研討を怠らず、秘かに頭を悩まし、情報を蒐め、関係方面の注意を促し対策を練るなど、心労努力の真剣さ、驚く可きものがあった。真に彼は国鉄にとりても、交通協会にとりても、有力な一大支柱であったと言うべきである。

本人は固より周囲の人々も春になれば、もう少し暖くなれば病気も恢復することと、再会の楽しみを期待していたのに、春を待たずに不帰の客となられ様とは、真に哀惜の念に耐えない。

召されて昇天した青木の魂が、残された私の魂に、何を教え、何を授けて行ったたか、私も只いたずらに嘆いている時ではない。心機を更革し覚悟を一新して、故人の意を受持し遺業の完成に献身すべきである。

心よりのご冥福とご遺族の平安を祈る》

十河が、青木を心から信頼していたことが分かる。

もうひとり、鉄道専門誌「鉄道ピクトリアル」（1951年創刊）初代編集長・本島三良《さぶろう》（1904〜1988）は、青木を偲んでこう綴る（「鉄道ファン」1977年5月号）。

《青木槐三は「鉄道時報」創立者の木下立安以降における最も偉大な鉄道ジャーナリストであろう》

第3章

忠犬ハチ公をめぐる鉄道記者たち

細井吉造、林謙一、渡邊伸一郎

細井吉造（上）と、林謙一（下・『野尻湖、報道写真集』より）

社会部記者の鉄道クラブ誕生

1918（大正7）年2月18日付「読売新聞」朝刊5面にこんな記事が載っている。

●鉄道記者倶楽部　鉄道運輸の記事を担当する新聞通信記者団たる中央鉄道記者倶楽部は16日午後4時より東京駅ホテルに於いて鉄道本院より野村運転課長、岡田旅客掛長、生野運輸課長、中部管理局より児玉旅客掛長、植木列車掛長、小疇機関車掛長、石岡庶務掛、東京駅より高橋駅長、花村高級助役等列席し盛んなる発会式を挙げたり。

この「中央鉄道記者倶楽部」が東京駅を拠点に取材する社会部記者たちの記者クラブの始まりと思われる。東京駅のステーションホテルで発会を祝うパーティーを開いたのだ。第2章で紹介した伝説の鉄道記者青木槐三が「毎朝東京駅に通って、名士往来のネタを拾った」頃である。鉄道院は、全国を5つの管理局（東部・中部・西部・九州・北海道）に分けて管轄していた。東京は中部管理局の管轄だから、初代東京駅長高橋善一も出席している。

私が国鉄を担当していた時、記者クラブ「ときわクラブ」の中に「東鉄（東京鉄道管理局）クラブ」が名前だけ存在していた。クラブ費を毎月払っていた記憶がある。「中央鉄道記者倶楽部」

は、「東鉄クラブ」のルーツなのである。

下って1934（昭和9）年版の『日本新聞年鑑』に、記者クラブの一覧が載っているが、社会部記者たちが所属する記者クラブが「鉄道記者会」と「鉄道省記者倶楽部」の2つに分裂していた。鉄道院が鉄道省に格上げされたのは、1920（大正9）年である。

《「鉄道記者会」は、東京に本社を有する日刊新聞通信社の社会部記者の結成団。鉄道に関する研究並びに諸般の報道を目的にす。【沿革】大正5年設立》

加盟19社（日本通信、日本弘業通信、東京毎夕新聞、中央新聞、中外商業（現日本経済新聞）、読売新聞、大勢新聞、第三通信、萬朝報、帝国通信、共同通信、東京毎日新聞、大東通信、やまと新聞、二六新報、東京通信、夕刊帝国新聞、民衆通信、合同通信）19人。

私が事務局長を務めている「交通ペンクラブ」の元会員がいた。役員3人のひとり、帝国通信の河口豪記者（1997年没、93歳）である。

河口は、その後中国新聞に移って、市民球団広島カープの代表を務めた。著書に『カープ風雪十一年』（ベースボール・マガジン社1960年刊）、『栄光の広島カープ風雪25年』（恒文社1975年刊）。戦前には『鉄道挺身隊戦記』（陸運研究社1943年刊）を出版している。私は、河口から昔の国鉄の記者クラブについて、話を伺ったことがある。交通ペンクラブの会報「交通ペン」20周年記念号（2000年刊）に、「ときわクラブ」のルーツを書くための取材だった。

この「鉄道記者会」から分離独立した組織に「鉄道省記者倶楽部」があった。《都下日刊新聞通信記者を以って組織し取材を目的とす。昭和7（1932）年8月15日分離独立す》とある。「取材を目的とす」とうたっているところに、分離独立した理由があるように思う。会員は以下の11社11人である。

（都）横田一治、（時事）高安清三、（聯合）細井吉造、（電通）秋田正男、（報知）見佐田敏郎、（東朝）北村源治、（東日）林謙一、（国民）大谷秀正、（日本）小松光男、（大朝）山本秀政、（大毎）武良禎
この『日本新聞年鑑』1934年版に、加盟新聞社の社員表が載っている。1933（昭和8）年12月現在である。

「東京日日新聞」（現毎日新聞）は、社会部副部長に青木槐三、部長以下34人の下から2番目に林謙一の名前がある。

「東京朝日新聞」は、編集局長緒方竹虎、社会部長以下26人の中に渡邊紳一郎がいる。渡邊が名簿の一番後ろに載っているので、最若手かと思ったら、五十音順に配列されていた。さすが朝日新聞、民主的である。入社年次順の「東日」とは、エライ違いだ。名簿の中に「天声人語」の荒

垣秀雄や、次章で紹介する名文記者門田勲の名前も見える。

忠犬ハチ公をめぐる3記者

これでこの章の役者が揃った。忠犬ハチ公の話に入る前に、この3記者を簡単に紹介しておきたい。

「聯合通信」（現共同通信）細井吉造（1904〜36）
「東京日日」林謙一（1906〜80）
「東京朝日」渡邊紳一郎（1900〜78）

細井吉造について、鉄道記者の先輩青木槐三がこう書いている。「いつもパリッとした服装をして、どこの華族の若様か金持ちの坊チャンかというういでたちだったが、よく僕に云っていた。田舎中学を漸く出た許りの新聞記者では相手にあなどられて記事が採れぬ、金はかかるがこの服装をしていると、どこの大学生ですかときかれるし、まさか35円の月給とは見透かされないからな、と哄笑した」

1936（昭和11）年11月4日、中央アルプス越百山《こすもやま》（標高2614メートル）から南駒ヶ岳（標高2841メートル）への尾根で霙《みぞれ》まじりの猛烈な暴風雨にやられて遭難死した。32歳、若い社会部デスクだった。ガイドと2人の山行だったが、南駒ヶ岳山頂から南50メートルの地点で動けなくなった。過酷なデスク勤務のあとの登山で、体調不良だったのではないか、といわれた。長野県飯島町の与田切川左岸に遭難碑が建てられた。

同じ聯合通信記者からのちに共同通信専務理事となるアルピニストの松方三郎（のちに社団法人日本山岳会・社団法人日本山岳協会会長を歴任）は、「生え抜きの、極めて優秀な新聞記者だった」と、その死を悼んだ。

遺稿集『伊那谷木曽谷』（1937年刊）からその文章をいくつか拾いたい。遺稿集の編集委員に青木槐三、林謙一（以上東日）、秋田正男（電通）、稲葉熊野（読売）、渡辺公平（都新聞、のち交通新聞）ら。山仲間の画家生沢朗（1906～1984）が外箱の装丁、文中のカット14枚を描いている。生沢は、その後、井上靖が朝日新聞に連載した『氷壁』の挿絵を担当して一躍有名になった。『氷壁画集』（朋文堂1957年刊）は「山岳愛好者の心をわかせる画集」と最大限の評価をされている。

細井吉造（「国際写真新聞」1936年12月号追悼記事「あぁ山霊よ君をかへせ!!」より）

まず、扉に使われた文章――。

《わが恋人なる山々は、碧りの空に、白銀の巨塔を聳て、我々に挑戦せんとするよりも寧しろ、幸福なる桃源郷に我々を誘はふとするかのようだ。

かくの如き感情に於ては、山に死ぬと云ふこともさまで、不幸とは思ふまい》

・塩見岳の印象

《風の加減で濃霧が薄らぐと、遠近の森林に包まれた尾根が墨絵のように隠見する。烈風、濃霧、豪雨の断続が終日繰りかへされた。おまけに一日小屋に籠ってゐると落葉松、白樺の油まじりの煤煙に目をやられて、痛くてボロボロ涙が出る。到底我慢出来ないので、時々小屋の外に出て風雨に曝される。やがて黄昏が来て漸く雨は歇《や》み風も衰へて来たが、今度はおそろしく濃厚な霧がビッシリと四辺を閉じこめて了った》

・モダン上高地

《山は俗化したと云ふ。登山者、殊にベテランは口を開けば上高地の俗化を涙して語る。だが、一歩そこを離れて山に入ったらどうだ。穂高岳は新雪に輝き、重畳の乱雲は上高地のモダニズムを脚下に埋めてゐた。風は矢張り太古そのまゝの掛声で岸壁にくちづけし、照る日照る月も至極公平無私である。しかも二千人も山へ入ったと云ふのに、今岩壁を辿りつゝあるのは我々だけではないか。それから上高地の持つ美が一つでも失はれてゐるだろうか。梓川の水は矢張りよくみがいた鉄板のように美しい。山々の姿、河畔の樹木に何の変ったところがあらう。唯、人が多くなったと云ふことだけだ。人が多くなって困ると云ふなら、夏の山ならどこでもこの範疇を出るを許されない。モダーン上高地に我々は改めて一つの風景を見出すべきである》

・初冬の木曽駒サンドウヰッチ行

《敬神の滝から落葉を踏んで山道にかかる。真ン中にミスを挟んで我々はパン切れの役をつとめてゐる。サンドウヰッチの外側だ。汽車の中でものの三十分と眠らなかったので、早くも顎が出てゐる。それに我々のハムは例のいゝわねエを連発して、落ちた紅葉を一枚宛拾ってゐる。別に馬に喰はわせるわけでもあるまいに、拾ひ拾ってリュックのポケットに捩じこみ、おまけに両手に一杯握ってゐる。曲り角毎に休む。雲が一面に擴がって来て、風は流石に寒い。のびて歩いてゐると道は無闇に長い。そのうちに吹く風強く梢を揺ぶって、わづかにしがみついてゐる紅葉を剥ぎ

とった。次いでパラパラと霰だ。少し冬らしい情景となる》

木曽駒山頂からの展望――。

《北アルプスは流石《さすが》に白い。雪のないのは御岳だけ、南には北岳と間《あい》の岳《だけ》に新雪が輝き、甲斐駒、仙丈、塩見、赤石、荒川みな黒い。八ヶ岳勿論、浅間が霞の奥で真白く太い煙をふきあげてゐる。遠い岩礁のような妙高三山……。富士はさすがに白い。飽くことなき眺望だ》

『現代紀行文学全集』第7巻山岳篇下（修道社　1958年刊）にも「杖突峠の展望」が収録されている。「日本八景」の選定で熱烈に上高地を推薦した小島烏水、マナスル登山隊隊長の槇有恒、『日本百名山』の深田久弥や柳田国男、串田孫一、松方三郎、窪田空穂ら著名なアルピニスト、作家、随筆家、歌人らの作品とともに掲載されている。

・杖突峠の展望

《そこからは萬草悉く咲き乱れて、ブロンドの波打つ霧ヶ峰高原が、真正面になだらかに眺められ、蓼科山から八ケ岳、遠く美ケ原、筑摩の山々が、澄明な秋の空の下につゞいてゐた。……ところどころに紅葉した灌木が、物干に翻へる女の児の赤いちゃんちゃんこのやうに散在し、薄は穂を垂れ、松蟲草がもう盛りをすぎて、朽ちて足下にあった。

……古いトロリーの軌材を積み重ねた下に、狸がこちらを覗いてゐるのを見つけた。目の下が黒ずんで、思ったより可愛い面をして、こちらの一挙一動をジッと凝視してゐるもの、如くだったが、やがて近づくとパッと稲田に逃げ込んだ。それこそコソリともしない。狸が稲田の中で、ジッと息を凝らしてゐるのであらうことを想像しつゝ、そこで柿をたべながら、再び杖突峠を越えて茅野へ行く銀鼠色（注：バスのこと）を待ったのである》

細井は、山梨県甲府市出身。「幼くして両親に死別、常ならぬ人生の艱苦《かんく》を嘗めたはずなのに、その片鱗も見出し得ない。英語もフランス語も独力で一人前にこなし、いつも朗らかに希望に燃えているように見えた」と、松方は続けている。

冗談もよくいった。社会部長が痔に悩んでいるのを知って、真顔で「それは飴を食べれば治る」と特効薬を教えた。「雨降って地固まる」（飴食って痔固まる）のシャレだった。

林謙一は、早稲田大学理工学部建築学科を卒業して、1931（昭和6）年「東京日日新聞」社会部記者になった変わり種。先輩鉄道記者青木槐三に厳しく鍛えられた。1938（昭和13）年に内閣情報部に転職。同年7月「写真協会」設立にかかわり、すでに2月に創刊されていた

100歳の現役報道写真家、笹本恒子（2014年11月17日撮影）

林謙一（毎日新聞社提供）

「写真週報」編集にもあたった。海外へ日本のＰＲが目的で、木村伊兵衛、土門拳、林忠彦らの写真家らとともにあった。写真の持つ「力」について「映画が宣伝の機関銃なら写真はその伝播力において宣伝の毒ガスである」と書いている（「報道写真と宣伝」『宣伝技術』〈生活社１９４３年刊〉）。

《わたしを写真の世界に導いてくださった林謙一さんに、この本を捧げます。》

　現在１００歳の現役写真家笹本恒子の自伝『お待ちになって、元帥閣下』（毎日新聞社２０１２年刊）の献辞である。

「林さんは話がお上手で、『ＬＩＦＥ』創刊号（１９３６年11月）の表紙は女性写真家マーガレット・バークホワイトの作品。ここ（写真協会）に入って報道写真家になりませんか、といわれました。報道写真家という言葉も初めて知ったのですが、林さんにあおられて、やってみたいと思います、と返事をしてしまったのです。それが写真家になるきっかけでした」

と笹本は東京恵比寿の自宅で語った。

林は、「婦人画報」に連載した母の生涯を描いた随筆がＮＨＫ朝の連続テレビ小説「おはなはん」（小野田勇脚本）として放送され、一躍有名になった。日曜画家のチャーチル会（イギリスの首相ウインストン・チャーチルが「気晴らしに絵ほど良いものはない」といっていたことにちなむ）設立にかかわり、世話役を長く続けた。

渡邊紳一郎は、東京外語大を卒業して東京帝国大学文学部へ進み、１９２４（大正13）年東京朝日新聞社に入社。社会部記者。入社試験で和文欧訳の問題を英仏両方を書いて出したら、外報部長がびっくりしていた、とエッセーに書いている。15歳の時、朝日新聞の杉村楚人冠ヨーロッパ通信を愛読して、「新聞記者になろう」と志を立てたという。パリやストックホルムの特派員になったが、自慢は「平記者30年」。とにかく博識。ＮＨＫのクイズ番組「話の泉」（ラジオ）や「私の秘密」（テレビ）のレギュラー解答者として人気があった。『スウエデンの歴史を散歩する』（朝日新聞社１９４７年刊）『花の巴里の橘や』（イヴニング・スター社１９４７年刊）『巴里風物誌』（東峰書房１９５５年刊）『新語百科辞典』（大泉書店１９５０年刊）『東洋語源物語』『西洋語源物語』（旺文社１９７３、７４年刊）など著書多数。

書いた記者は誰？

さて、忠犬ハチ公である。

ＪＲ渋谷駅前の忠犬ハチ公の銅像前。いつからこんなに観光地化したのか。銅像の脇に立って、ハチ公と記念写真に納まる人がひっきりなしだ。私は１９６９（昭和44）年４月から1年間ほど、渋谷警察署担当のサツ回りをしていたので、毎日のようにハチ公の銅像前を行き来していたが、こんな光景は初めてだ。外国人観光客がやたらと多い。

リチャード・ギア主演の映画『HACHI 約束の犬』（原題Hachiko: A Dog's Story、２００９年公開）で、ハチ公が世界的に有名になったお蔭なのだろうか。

今から82年前、１９３２（昭和7）年10月2日夜の渋谷駅前――。

「聯合通信」社会部記者細井吉造は屋台のおでん屋で仲間と一杯やっていた。《刑事部屋の封建性だの、社会部デスクの人物批評だの、勝手な気炎をあげて酒を飲んでいたところへ、のれんの下からヌーッとうすでかい犬が足もとに寄って来た。

一瞬ギョッとしたが、体が大きいのに似ず、おとなしそうな日本犬である。

「これは、なかなかいい犬だな。オッサンとこのかい」

「いや、いや、そうじゃないんですよ」

「野良犬かあ……」

おでんを投げてやると、ノッソリと体を動かして食う。

「実はねえ」

おでん屋のおやじが語りだした》

これは共同通信の元編集局長高田秀二著『物語特ダネ百年史』（実業之日本社　1968年刊）にある「『忠犬ハチ公物語』を作った記者」の一節である。

高田は、忠犬ハチ公の記事を最初に書いた特ダネ記者は、細井吉造である、と断定している。

ただ、《書いた本人はもとより、編集デスクも整理部員も、これが戦中、戦後を通じて渋谷駅の名物「忠犬ハチ公」にまで発展しようとは、夢にも思わなかったのだ》。

翌3日、鉄道省内にある社会部の記者クラブ――。細井が前夜、渋谷駅前のおでん屋で聞いた話をしたのだろうか。「その老犬の話をデッチあげるか」。記者たちが手分けして取材を進め、「東日」の林謙一が原稿に仕上げた。以下林謙一著『2Bの鉛筆』（文芸春秋1947刊）から。

雨の日も雪の日も、亡き主人の帰りを待つ渋谷駅にたたずむ老犬、今日も瞼の主人を探し求める――渋谷区大向通り三十三番地、東京帝国大学農学部教授故上野英三郎氏は、生前秋田県大仁田町生れの純秋田犬を飼育してゐた。ひときは犬好きな同教授は、八公と名付けてわが子同様に可愛がってゐたが、七年前、同教授は教授会の席上で突然脳溢血で倒れ不帰の客となった。朝は同教授に伴はれて渋谷駅まで見送り、夕は五時頃になると同駅へ出迎えてゐた八公は、主人の突然の死を知る由もなく、爾来七年間、照る日も降る日も、教授生前と変りなく改札口に出迎へてゐる姿は、涙なくしては見られない。三日飼へばその恩を忘れずといはれるその忠犬ぶりは、同駅の乗降客に、最近頓《とみ》に地に落ちたといはれる人倫の道を、無言で教へてゐるかのやうである。行きずりの人々も、いつしかこの老犬の心根を伝へ知って憐み、頭を撫でビスケットなどを買ひ与へる人もゐた。

吉川渋谷駅長談――可哀さうな犬です。ああして七年間も主人の帰りを待ってゐるのです。今では駅員ともすっかり馴染みになって渋谷駅には無くてはならない存在になってゐます。

上野英三郎博士未亡人八重子さん談——主人は八公を本当に可愛がってゐました。純粋の秋田犬でございまして、大仁田町生まれでございます。宅へ参りました時は、生後三カ月で白い小さな犬でございましたが、成長致しますと大きくなりまして、いつも主人が散歩代りに駅まで連れていってをりました。主人亡き後は、ああして渋谷駅へ行きつきりでございます。


この原稿をクラブの記者たちが、それぞれに多少手を入れて、夕刊に送った。

そのあと「朝陽の佐伯」を除いて全員で浅草に行って25銭の上天丼で腹ごしらえ。映画を見て、神谷バーで生ビールを飲み、地下鉄で日本橋まで戻って地上に出たところで、新聞スタンドで夕刊を買う。


「おいおい。八公、トップだ。トップ4段たあ驚いたなあ、君んとこは？」

「うちは中三段さ。囲いもんだ。いい写真撮ってきたなあ。八公、改札口を悲しそうに見てるぞ」

「今日は、本当に何もない日だったんだね」

「朝陽は?」

「えーと、朝陽か、まだ見てない。えーと、没だ。没だよ」

この「朝陽の佐伯」が、朝日新聞社会部の渡邊紳一郎なのである。

生誕90年ハチ公特別展

「忠犬ハチ公」の記事を調べているうちに、ハチ公の生誕90周年を記念した特別展が白根記念渋谷区郷土博物館・文学館で開かれていることを知った（2013年10月22日～14年1月13日）。渋谷区では公共施設を移動する手段としてコミュニティバスを運行している。その名も「ハチ公バス」。「郷土博物館・文学館」停留所もあった。

特別展では、入口でハチ公の像が迎えてくれた。

私が確認したかったのは、忠犬ハチ公を紹介した最初の記事。「おはなはん」林謙一のエッセーだと、「東京日日新聞」1932（昭和7）年10月3日夕刊に載ったことになっている。朝日新聞はボツだったが、他の新聞の夕刊社会面にも扱いの大小はあっても、「忠犬ハチ公」が紙面を飾ったはずである。

しかし、その片鱗もなかった。展示してあったのは、朝日新聞家庭面の記事だった。

いとしや老犬物語
今は世になき主人の帰りを
待ち兼ねる七年間

いとしや老犬物語
今は世になき主人の歸りを
待ち兼ねる七年間

ハチ公の初出記事とされる、朝日新聞1932（昭和7）年10月4日家庭面

東横電車の渋谷駅、朝夕真つ黒な乗降客の間に混つて人待ち顔の老犬がある。秋田雑種の当年とつて十一歳の――ハチ公は犬としては高齢だが、大正十五年の三月に、大切な育ての親だつた駒場農大の故上野教授に逝かれてから、ありし日のならはしを続けて雨の日雪の日の七年間をほとんど一日も欠かさず今はかすむ老いの目をみはつて帰らぬ主人をこの駅で待ちつづけてゐるのだ。ハチ公にとつては主人の死などはあり得ない事実に違いないのだ。行きずりの人々もいつしかこの事情を知つて、ハチ公の心根を憐れみ売店でコマ切れや何かを買ひ与へて慰め

てゆく人もある。浅草辺の人が一度上野氏の家族からもらつて養育したことがあるさうだが、渋谷の土恋しくその日のうちに一目散にげかへつて来て、今では近所の植木屋さんが飼主となり、ハチ公の死後の埋葬料までついてゐるといふ話。この人気もの、ハチ公の、もう一つの美徳は喧嘩の仲裁だ。弱いもの虐めをしてゐる犬があるとハチ公は黙つてその巨大な背中を喧嘩の真中へ割りこんで行く。それでもきかぬ強気な奴に対してはアングリ一かみ。だが尻つ尾をまいてにげて行くのは決して追はない——とは一寸風変わりな親分である。

＝1932（昭和7）年10月4日朝日新聞家庭面

これが「初出記事」の全文である。4日後の10月8日に一部訂正の記事が出た。

ハチ公は名犬

4日紙上「いとしや老犬物語」と題した老犬ハチ公の記事中ハチ公を「秋田雑種」としたのは間違ひでハチ公は愛犬家の間では有名な秋田の純種として知られている名犬ですから老ハチ公の名誉のため右訂正します。

この「初出記事」を書いたのが、渡邊紳一郎記者とされる。

「朝日新聞が作った『忠犬ハチ公』神話」（文芸春秋1988年8月号）で元朝日新聞社会部の事件記者鈴木卓郎が検証している。

その前文。《記者達のたむろする飲み屋で残飯を与えられたことが、一匹の野良犬を「忠犬」に美化させる契機となった。美談はいつもこうして生まれるのだ》

共同通信元編集局長高田が書いた、渋谷駅前のおでん屋に渡邊紳一郎もいたことになっていて、《「いい話だ。いっちょ書いてみるか」と思いついたのが、後に「話の泉」で有名になった朝日新聞記者の渡辺紳一郎だった、と語り継がれている》。

伝説の特ダネ記事なのである。

鈴木卓郎は続ける。《ハチ公の報道は戦争前後の圧迫された世相で心温まるニュースだった反面、ものの見事に軍国主義的風潮にマッチした。

多少は事実と違ったり誇張しても、その時代に合った問題意識とアングルで報道すればビッグニュースとして通る。ハチ公報道の場合もその一例だが、どこからの訂正の申し入れはなく、誰にも迷惑をかけないどころか、当時の民心にヒットしたのだ》

《新聞に報道されてからのハチ公は一気に有名犬に浮上し、そのブームは全国に広まった。テレビはもちろんなく、ラジオや週刊誌も、今日の普及ぶりとは比べものにならないほど少なかったのに、全国で過熱した背景には、やはり「忠君愛国」という時流があった》

当の渡邊紳一郎は、何といっているか。

《上野博士がなくなったころ、ハチ公がそれを知らず迎えに来ていたのは事実だろう。しかし昭和7年ごろは、まるで駅の犬みたいになってしまっていた。

そのころ、渋谷の駅前には、ヤキトリ屋がずらりと店を並べていた。ヤキトリといっても、ブタのキモかなんかで、固いすじなど、かみ切れない。そいつをお客がはき出すと、ハチ公がたべる。そんな有様だった。

新聞記者には出席原稿というものがある。せっかく持ち場の記者クラブへ出席しても、これといったニュースがない時など何かあたりさわりのない記事を書いて社へ出す。

ちょうどそんな時に、鉄道省記者クラブの仲間で、あの犬をモノにしようじゃないか、ということになった。張本人は、R通信のH記者だった。H記者は、その後、登山中に死んだ。

さてこれが各新聞の記事になり、〝忠犬ハチ公〟が有名になってしまうと、「実は……」と真相を告白するわけにいかなくなった。

ましてや、当時は支那事変が起って、軍国主義が頭をもたげはじめたころだ。一犬一主人主義、つまり日本犬は一人の主人に仕えるだけで、決して二人の主人に仕えない、とのキャッチ・フレーズで、日本犬の売りこみがはじまった。そして、これがハチ公とからんで、日本犬ブームになっていった。

もう、こうなっては、引っこみがつかず、ついにハチ公は忠犬になってしまった、というのが本当のところである》

＝「週刊朝日」1956（昭和31）年8月19日号「〝忠犬ハチ公〟の真相」

R通信のH記者の情報から、忠犬ハチ公の記事づくりが始まったことを告白している。聯合通信・細井吉造である。

後輩記者の追跡調査

では、一体「おはなはん」林謙一の原稿はどこへ行ってしまったのか。

元毎日新聞社会部の仁科邦男記者が追いかけた記事が残っている。毎日新聞東京版「街じゅう

NHKラジオ番組「話の泉」の解答者（右から2番目が渡邊紳一郎）
＝毎日新聞社提供

図鑑」最終回《忠犬ハチ公》（１９９５年〈平成7〉年10月27日）と、「動物文学」２００４（平成16）年初冬号《忠犬ハチ公物語はこうして誕生した―「おはなはん」の林謙一と渡辺紳一郎「私の秘密」》

仁科は、『犬の伊勢参り』（平凡社新書２０１３年刊）に続いて、『犬たちの明治維新―ポチの誕生』（草思社２０１４年刊）を出版している。どちらも力作である。よく調べている。超一流の動物記者である。当然「忠犬ハチ公」のことも詳細に調べた。

結論からいうと、記事は発見できていない。

《東京日日新聞のマイクロフィルムを調べても、ハチ公の記事は発見できない。…自分の調べ方が不十分だったのではないか、と思って、考えられる方法ですべて調べてみたが、やはり林さんの記事は見つからなかった》

仁科が「忠犬ハチ公」に引き込まれたきっかけは、九州の門司鉄道管理局記者クラブで林謙一の著書『2Bの鉛筆』を読んだことだった。林謙一の書いた「忠犬ハチ公」の記事を発見すれば、これまでの通説を覆す特ダネになる、と興奮したに違いない。毎日新聞社に入社8年目、1977（昭和52）年のことだった。

題名の『2Bの鉛筆』も説明している。原稿を書くために使っていた鉛筆が2Bだった。私の記憶では「3B」か「4B」だったと思っているが、昭和初期は「2B」を使っていたのだろう。マス目の原稿用紙を使うことはまずなかった。ザラ紙に、1枚5字3行、15字を書き飛ばすのである。

何故1枚15字か。当時は、印刷の職工さんが活字ケースから1本1本活字を拾った。15字がちょうど1段分（現在は基本活字が大きくなって1段11字とか、12字である）。締切間際に飛び込んだ原稿や、事件・事故の発生で号外を発行するなどの「大急」の赤スタンプを押した原稿は、書くそばからデスク—整理部デスク—大組みの活版現場へと渡って、活字を拾い、1ページ大の新聞に組み上がる。時間との競争なのだ。

もっとも私が入社した1964（昭和39）年、毎日新聞の東京本社では、ザラ紙を横にして使って、5字6行、30字と教えられた。2行分である。用紙の節約だったのか。その後、大阪本社社会部に転勤したが、大阪ではざら紙をタテに使って、5字3行、1行分を書く決まりだった。

私の入社前年あたりから漢字モノタイプが導入され、原稿は漢字モノタイプでさん孔テープに変え、さん孔テープを自動鋳植機にかけて、活字が自動的に出るようになった。活字の「手拾い」は、ゲラの赤字直しなどに限られたが、号外を発行する場合などの「大急」原稿は、職工さんの手拾いが圧倒的に速かった。

今では、ザラ紙に原稿を書き飛ばすことも、電話で送られる原稿を鉛筆でザラ紙にとる（書く）作業もない。もっぱらパソコンとにらめっこである。

さて、仁科記者の追跡――。

先輩記者林謙一に電話をする。

――忠犬ハチ公の話、どこまで本当ですか。

林「全部本当です。仮名になっていますが、すべて事実です」

――朝陽が朝日（新聞）ですね。

林「そうです。佐伯というのは渡辺紳一郎のことです」

――合同通信は、今の共同（通信）ですね。細川さんはどうされましたか。

林「戦死しました。もうあの当時の仲間はみんな死んでしまって、生きているのは私だけです」

のちの月刊誌「旅」マドンナ編集長戸塚文子（前列右から2人目）を囲んで（後列左から林謙一、青木槐三、渡辺公平、郡捷、秋田貞男。前列右端は稲葉熊野。左端はハチ公の銅像除幕式で祝辞を述べた東京鉄道局長の新井堯爾〈たかじ〉）

戦死は、記憶違いかとっさの言い間違いだ。聯合通信の細川吉造が中央アルプス南駒ヶ岳で遭難死したことは、すでに紹介したが、その遺稿集『伊那谷木曽谷』の編集委員のひとりに林謙一も名を連ねているからだ。

仁科記者は、林謙一の死後（1980年11月1日没、73歳）夫人に電話して、忠犬ハチ公の資料を問い合わせている。

「どこにどんな資料があるのか、まだ整理がつかない状態で、わからない。主人はハチ公の話をよくしていましたが、ああして有名になったのだから、いまさらいろいろ言う必要もない、といつも言ってました」

さらに《昭和62（1987）年、映画『ハチ公物語』が公開されたときに、林さんの長男で、脚本家・作家の林秀彦さん（2010年没、76歳）が雑誌「新潮45」に「父がデッチあげたハチ公伝説」という原稿を載せているが、『2Bの鉛筆』以上の真実が書かれているわけではなかった》。
そして最後にこう綴る。《新聞は、夕刊も朝刊も一種類のものが作られているわけではない。2版、3版、4版と時間によって中身がどんどん変わり、地域によっても紙面内容が変わる。新聞社や図書館にあるマイクロフィルム資料は、その中のひとつ、特定の地域面が載った最終版を保存しているに過ぎず、林さんの記事がフィルムになくても、不思議ではない。…もう林さんの新聞記事の現物を見ることは不可能だと私自身は半分以上あきらめている》
仁科は、林原稿と朝日の初出記事を比較、検討する。
《「雨の日も風の日も」「行きずりの人々もいつしか」——同じフレーズが2つの原稿に共通して使われている》
林原稿の影が、朝日の記事に残っていると指摘する。つまり林原稿を記者クラブの他紙の記者たちが写して書いたのは事実で、臨時に鉄道省クラブを担当していた朝日の渡邊紳一郎もこれに手を加えて送ったのが、1日遅れで家庭面に載った、と「事実認定」しているのだ。
朝日の書き出しは「東横電車の渋谷駅」。本当は「省線の渋谷駅」なのだが、《他紙と同じようには書かないという朝日新聞の意地だろう》とも仁科記者は書いている。

全国からの寄付金で生前に銅像

忠犬ハチ公・永遠の姿
けふ感激の銅像除幕式
渋谷駅頭に歓呼のうづまき

1934（昭和9）年4月21日、ハチ公の銅像が落成した。彫刻家の安藤照《てる》（1945年空襲で焼死、享年54）が帝展に出品したハチ公の等身大石膏像をもとにつくられ、高さ5尺の御影石上に安置した。

ハチ公の体の大きさは、肩の高さが2尺1寸（63・63センチ）、体重11貫（41・25キロ）と、記録にある。

参列したのは、上野博士の未亡人八重子さん（50歳）、孫の久子さん、文部、外務、鉄道のお役人やハチ公のファンなど約300人、と「東日」の記事。

《午後1時、駒場農大教授板垣四郎博士の挨拶で式がはじめられ、付近の金王八幡神社宮司の祝詞、吉川忠一渋谷駅長の経過報告などがあった。ハチ公の出生地秋田県をはじめ、沢山の祝辞、

忠犬ハチ公の銅像除幕式を伝える東京日日新聞1934（昭和９）年4月2日付

祝電がおくられたが、一つ一つハチ公の鼻さきへ差し出して歓ばせようとする委員の心づかいも嬉しい》

そう、ハチ公も参列していたのである。

《当のハチ公は老いてはゐるが淡黄の毛なみも美しく左耳をピクピクと動かしながら謙遜するかの如く神妙である》

ハチ公は、１９２３（大正12）年11月20日生まれの秋田犬だから、数え12歳の老犬だった。新聞記事がきっかけで全国から「ハチに美味しいものを食べさせて」といった寄付金が相次ぎ、ついに銅像までつくられることになったのだ。

集まった寄付金は、１４３１円44銭にのぼった。

ハチ公の左耳は垂れている。制作者の安藤照は《一つ悩んでゐる事はハチ公の耳です。ハチ公を代表的な日本犬として残すためには両耳のピンと立つて盛んな時のハチ公の姿を残したいし、又一面現在目の前に片耳うなだれたハチ公の老いの姿を強いてかへたくもない気もする、さてどうしたものかと思案してゐる所です》と老いたハチ公を前にして、制作の悩みを語っていた（１

933〈昭和8〉年8月23日朝日新聞家庭面)。

ハチ公は翌1935(昭和10)年3月8日に亡くなった。新聞各紙が報道したことからハチの銅像は花輪、花束で埋まった。

渋谷の名犬　ハチ公逝く
享年13の老齢で

嗚呼悲しいかな！　銅像に鋳られ、映画に作られ、教科書に載せられ、ポチクラブ名誉賞牌を保持して、その忠誠を世に謳われた「忠犬ハチ公」が死んだ。

これが「東日」の記事の書き出しである。何とも仰々しい。

葬儀は、上野教授も眠る青山霊園内の「愛犬の祠」前で行われた。

「故ハチ公葬儀供物控帳」が残っている。花輪25基、生花200籠、弔電180通、短冊15枚、色紙3枚、書6枚、学童綴方20篇、清酒四斗樽1本、香典計200余円。

喪章をつけたハチ公の銅像

澁谷の名犬　ハチ公逝く　享年十三の老齢で

忠犬ハチ公死亡を報じる東京日日新聞1935（昭和10）年3月9日付け

渋谷駅前商店街は、ハチ公の死を悼みながらもあやかり商法。ハチ公せんべい、ハチ公玩具、ハチ公浴衣、ハチ公そば、ハチ公焼鳥、ハチ公丼、ハチ公あめ、ハチ公まんぢう、ハチ公ぜんざい、ハチ公やき、ハチ公団子……。評伝『ハチ公物語』が書店の店頭に積まれ、レコード会社は「ハチ公の歌」を売り出し、芸者さんには踊りの稽古で「ハチ公音頭」の振り付けが教えられた。

小学校の修身の教科書にハチ公が取り上げられたのはこの年だ。「オンヲ忘ルナ」。

忠犬ハチ公は、剥製となって、東京上野の国立科学博物館に保存されている。

しかし、この銅像は1944（昭和19）年、戦時の金属供出で撤去されることになり、10月12日に「出陣式」が行われた。

従って現在のハチ公像は2代目で、制作は、初代ハチ公をつくった安藤照の息子で彫刻家の安藤士《たけし》さん。初代ハチ公とほぼ同じつくりである。落成式は、1948（昭和23）年8月15日。終戦記念日にこだわった。

銅像の後方に「忠犬ハチ公小伝」が設置された。2代目設置のいわれが、次のように刻まれた。

《帰らぬ主人を十余年　渋谷駅に待ち続けた　ハチ公の忠実な行為は　深く賞讃の的となり　銅像に作られたが　戦時中撤収されて　その愛姿を失ったのを　多くの人の同情により　ここに銅像再建して　永く美談を後世に伝う

昭和二十三年八月十五日　忠犬ハチ公銅像再建会》

国鉄渋谷駅は、1985（昭和60）年に『渋谷駅100年史』を発刊した。忠犬ハチ公昇天50周年記念をうたい、大特集をしている。

最後にもうひとつ因縁話。

2014年5月2日朝日新聞朝刊に《初代ハチ公、よくいきていたなあ　都内の住宅から原型像》の記事が掲載された。

東京・渋谷駅前のシンボル、ハチ公像の初代の原型となった石膏像が都内で見つかった。作者の長男の彫刻家が本物と確認した。戦時中に金属供出され、資料も戦火で失われた初代ハチ公像。所有者は「歴史的な資料として大切に保管したい」と話している。

サイドボードの上に、高さ24センチ、幅10センチの白い石膏像がちょこんと鎮座している。東京都杉並区に住む谷内真理子さん（66）の実家で長年、保管されてきた。「傷みもなく、当時のままです」と谷内さん。銅像の鋳型を作るために制作された原型の石膏像だ。

前年、谷内さんが母親から受け継いだ。すぐに現在の2代目ハチ公像の作者である彫刻家の安藤士《たけし》さん（91）に、ってをたどって電話をかけた。「初代ハチ公の石膏像があります」。初代ハチ公像の作者は、士さんの父照《てる》さん。見せに行くと、士さんは「お前、よく生きていたなあ」とハチ公の頭をなでた。台座に「照」の署名が刻まれていたことなどから、「おやじの作品に間違いない。ハチ公像の原型だ」と話した。

忠犬ハチ公像は、ハチ公生誕の秋田県大館市のJR大館駅前にも建っている。1987（昭和62）年11月14日に除幕式が行われた。片耳が垂れている渋谷のハチ公像と違い、両耳がピンと立っている。

その後の鉄道記者2人

渡邊紳一郎。鉄道記者をしていたのは、そう長くないと思われるが、東京駅の駅長室には通っていた。

「こんな水商売は、やめて、足を洗って、早く正業につき給え」

東京駅の名物駅長高橋善一からしょっちゅう意見をされていた。

「おでん屋でもやり給え。おでん屋は正業だよ、金くらい貸すよ」

しかし、記者クラブの連中は、誰も「正業」に就こうとしなかった。従って高橋駅長が金を貸すこともなかった。

社会部記者は、新聞事業を天職とまでいわなくても、一種の職業と心得て、好きでやっていた。つまり野次馬だ。火事場の非常線の中へはいれるという特権があるので、ブン屋をやっていた。火事場の門鑑《もんかん》（通行許可証）を手首に巻きつけて出掛ける……あの気分だ。

政治部、経済部の記者は硬派記者、社会部は軟派記者と呼ばれるが、渡邊は「軟派から見た硬派」というエッセーでこう書いている。

《私は「浜口雄幸と一時間」というフランスの新聞のやり方を学んだ記事を書いて、「社会部のくせに」浜口首相のお気に入りとなり木戸御免であった。…鎌倉の別荘に浜口首相を訪れて…膝を交えて、ウイスキー入り紅茶を飲みながら語っていた。…浜口さんは言った。「君は社会部だが、なかなか有能らしいね、あと何年たったら政治部記者になれるかね」と。

私は、そこで、ここぞとばかり、日頃考えていた「政治部記者論」を披露に及び「おでん屋の娘の心中にも、人生というものに直面している」社会部記者こそは、本当の新聞記者である。「それこそ、本来の社会の木鐸である」所以を論じたてた》

渡邊は、自身のことを「プチ・ブルジョワの長男として東京に生まれた。月給はポケット・マネーくらいに思っていたので、社内出世だの、昇給だの、ボーナスだのに、それほど重きをおかなかった。自分が気にいらない記事は書かなかった」と述べている。

朝日新聞社にとっては、使いづらい記者だったと思う。

「おはなはん」林謙一が、「東京日日新聞」社会部で記者生活を送ったのは、1931（昭和6）年から1938（昭和13）年までのたった7年間だ。1932（昭和7）年12月16日の日本橋白木屋火災の時は、いちはやく現場に駆け付け、消火作業中の店内に入り込んで取材している。死者14人を出した初の高層ビル火災で、和服の女性店員は裾の乱れを気にして救助ロープから転落、これ以降女性が下着をつけるようになったという伝説の火災だ。

事件・事故の取材でデスクは「写真も連れて行けよ」というのが常だが、「これは間違いである」と林は書いている。記事より写真、写真は従ではなく主だ。「筆舌に尽くせないものをレンズは捕えてくる」からである。

どうして新聞記者を辞めて、内閣情報部のお役人になったのか、その理由は分からない。

そのトップ内閣情報局次長としてヘッドハンティングされたのが、「東日」政治部長久富達夫、やり手の特ダネ記者だった。久富はこう語っている。「この時局、国家のためなら何ものにも捉われずご奉公したい気持ちを前々

観光客がひっきりなしのハチ公銅像前
(2014年9月撮影)

から持ってはいました。まあピッチャーがキャッチャーに代わったようなもの、チームは同じですよ」。愛国心である。

林も同じ心境だったのか。ついでながら久富は、広島に落とされた新型爆弾は原子爆弾であると閣議に報告（陸軍は特殊爆弾として戦争継続を主張したという）、終戦の玉音放送を進言した（読売新聞連載「昭和史の天皇」）。1964（昭和39）年東京五輪の時は、国立競技場会長だった。1968（昭和43）年没、70歳。

「忠犬ハチ公」に関連して、林はニュースバリューについて考察している。《私や渡辺紳一郎らは「ハチ公物語」を渋谷駅のサイド・ストーリーとして書いた。本来なら社会面の記事下「雑記帳」や「青鉛筆」といった程度のニュースバリューのものと考えていたが……各社ともトップ記事にのし上がり、世界的に有名になってしまった。書いた本人共がアレヨアレヨと驚いたものである》

ニュース性とは何か。《まず社会性がなくてはニュースにはならず、常に人間と肌を接し、人間になんらかの影響をあたえるものであろう。その影響とは》と次の例をあげている。

――これは大変だ。（これは我が身にも及ぶかも知れない）

――これは事件だ。（これは自分も放ってはおけない）

――これは儲かるぞ。（これはひとつ自分もやってみるか）

——これは知っておかないと、損するぞ。（これは自分も心得ておこう）

——これはいい気味だ。（これは当然のこと、ざまみろ）

——これはすごいな。（これをみれば、自分も心強くなる）

——これは馬鹿だな。（こんなこと、自分ならやらない）

——これは綺麗だな。可愛いな。（こんなの自分も欲しいな）

——これは怪しからん。（こんなこと許される筈はない。われながら乗り出したくなる）

——こんなこともあるのだね。（対岸の火事見物は面白い）

——これは面白い。（自分にも他人事のせんさく癖があるのかな）

「忠犬ハチ公」は、このどれにあたるのだろうか。

第4章

『国鉄物語』の門田勲（1902〜1984）

門田勲
（『朝日新聞社史』より）

鉄道記者の教科書

私は、1964（昭和39）年に毎日新聞社に入社した。東海道新幹線が開業し、東京オリンピックが開かれた年である。

初任地の長野支局で、サツ回りと同時に長野鉄道管理局（長鉄局）の担当となった。これが鉄道記者のスタートだった。管理局長は福田英雄（のちに名工建設社長）。1940（昭和15）年旧鉄道省入省の土木屋である。

県版トップを飾った最初の特ダネ（?）、中央東線塩尻―岡谷間に塩嶺《えんれい》トンネルを掘削は、福田局長から聞いた話だった。辰野駅まで大回りしていたのがショートカットとなり、所要時間が大幅に短縮された。開通は、ほぼ20年後の1983（昭和58）年だから、局長は単に土木屋の夢を語ったのかも知れない。

広報係長西尾寛、主任に小林直幹。ともに旧制長野中学出身のインテリだった。長野の繁華街権堂通りを飲み歩いたことも含め、この2人に教えられたことが、その後の新聞記者生活にどれほど役に立ったか。そういえばオウム真理教の裁判を追い続けた元朝日新聞編集委員降幡賢一の父親が営業部の係長だった。郷土史家だったかで、モノ書きもしていた。息子の朝日新聞社入社

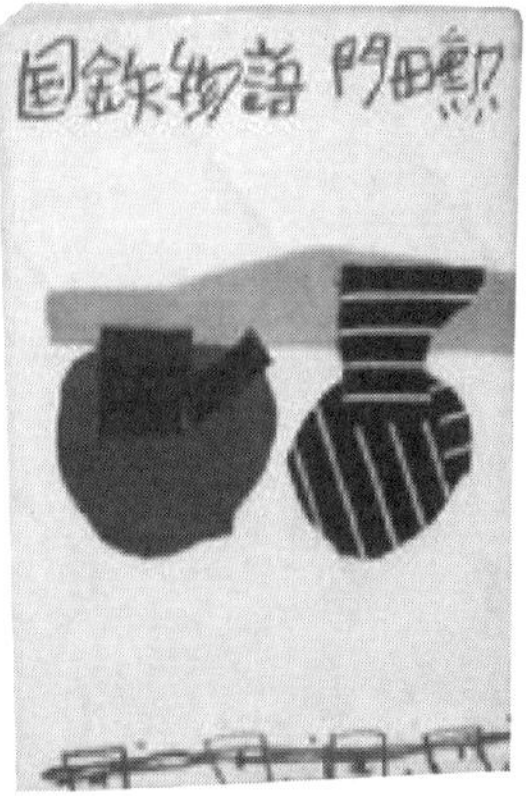

連載のあと出版された『国鉄物語』。装丁は佐野繁次郎

が決まって、誇らしげだった。

　蒸気機関車が走っていた。冬になると飯山線には雪かき列車が出た。キマロキ。機関車＋マックレー車＋ロータリー車＋機関車。もっと雪が深くなると、その前にロータリー車が走り、ロキキマロキの最強編成となった。雪まみれになって写真を撮った。冬本番への風物詩、県版の「エトキもの」になった。

　２０１５年春、北陸新幹線が開業する。飯山駅も新築された。飯山線はディーゼル車で無煙化されている。観光客誘致にＳＬを運転しよう、という計画もあるとか。

　１９６４年10月１日の東海道新幹線の開業前に試乗できたのも、長鉄局の記者クラブにいたお蔭だ。最高時速２１０キロをひと足早く体験して、多少鼻が高かった。

　前置きが長くなった。朝日新聞の名文記者門田勲である。私が長鉄局を担当して、鉄道記者を始めて間もなく、朝日新聞で「国鉄物語」の連載が始まった。その筆者が門田勲だった。すでに定年退職していて、肩書は「社友」。第１回は、汽笛一声の「鉄道唱歌」だった。

世の中の人がみんな、汽車に乗るのは楽しいことだ、と思う時代だから、ああいう歌がうまれたのだろう。

空は青く、野にタンポポの花かなんか咲いていて、どこかに日の丸の旗もひるがえっているような。そういった風景の中を走る汽車だ。〝汽笛一声〟は明るくて素直な明治の歌である。国鉄物語を、この歌から始めようと思う。

毎日スクラップ帳に貼り付けた。日本の鉄道はどうして出来たのか。大隈重信、伊藤博文、井上勝、前島密、高島嘉右衛門、英国公使ハリー・パークス、ネルソン・レイ、エドモンド・モレル……。格好の教科書だった。

連載は東海道新幹線開業の直後まで続いた。最終第82回は、「金網の中の旅情」。

スピードへの情熱や魅力は、ただ〝速い〟ことではなくて、〝より速い〟点にあるものだが、事故の被害もスピードに比例してより大きくなってくる。飛込みやレールのいたずらで万万一これが脱線でもしたら、結果は飛行機の事故とあまり違うまい。国鉄の頭痛ハチ巻、まさにこのことにあるようだ。

車内アナウンスの前触れに、オルゴールが「汽笛一声」のメロディーを聞かせた。金網の中にちょっと流れた明治の旅情だが、あとにつづいたのが、新幹線の軌道立入りや列車妨害に対する新しい規則のPRだった。国鉄の心情まことに察してあまりあるものの、やっぱりなんだか味気ない気もした。

無人運転

「ページの秘密」をこの連載で初めて知った。

「ダイヤ」トレイン・ダイヤグラムをはじめて日本へもってきたのは英人技師W・F・ページ。明治7年京都・神戸間の開通式に、明治天皇のお召列車を運転した人で、東海道線が全通してからは、東京で運転長の職につき、明治32年に退官した。

…明治27年ごろまでは、列車の時刻改正とか、臨時列車の運転計画などは、いっさいこのページが引き受けていた。当時は列車回数が少なかったとはいえ、列車の行きちがいや待避の関係などが、どうしてこうも手際よく作られるものか、なんともすばらしいアタマだというので、非常な尊敬を払われていた。

ただひとつ不思議なのは、ページが時刻表作りの仕事をするときは、必ず部屋にカギをかけて、決して人を入れない。出来上がるといつも数字の時刻表にして渡していた。あるときページの抽出しから、この秘密の種を見付けた人があったが、それがつまり「ダイヤ」で、それからは日本人もダイヤを引くようになったものだ。

ダイヤを作る人たちを「スジ屋」と呼ぶのも、この連載から教えられた。

「運転士は眠るものである」という恐ろしい話を聞いたのは、旧国鉄運転局の才人山之内秀一郎（2008年没、享年75、元JR東日本会長、元宇宙航空研究開発機構〈JAXA〉理事長）からだった。だから運転士が眠っても事故が起こらないように、ATC（Automatic Train Control〈自動列車制御装置〉）やCTC（Centralized Traffic Control〈列車集中制御装置〉）があると、フェールセーフの考え方をレクチャーしてくれた。

連載「国鉄物語」にも「ねむ気が出る話」の項があって、

《結城弘毅が、鉄道はじまって以来、居眠りをせぬ機関士はあるまい、といっていたそうだ》

《いちばん眠いのはお召列車だ。最良の条件で、最良の運転だから、どうしても眠くなる》

と続く。結城弘毅は、第2章青木槐三の特急「つばめ」のところで紹介した鉄道省の運転課長だ。

では、無人運転は可能なのか。東海道新幹線をつくった前技師・長島秀雄の談話が載っている。

「現在でも完全な無人運転はできる」と言い切っている。東海道新幹線が開業する前、門田の取材に答えたのだが、当時、無人運転のテストを実際に行っている。

無人運転＝運転士不要。だから労働組合は、絶対反対だ。

東海道新幹線が、実際に乗客を乗せて、運転士なしの無人で走ったことがあった。どうしてこんなことが起こったのか。

1976（昭和51）年7月9日午前、新大阪発東京行上り「こだま210号」が三島駅を発車した際、運転士をホームに置き去りにしてしまったのである。

元NHK社会部記者のノンフィクション作家柳田邦男が『新幹線事故』（中公新書1977年刊）で検証している。ちょっと長くなるが引用したい。

《運転士Aは、三島駅で所定の3分間停車した後、ホームの発車ベルが鳴り、出発OKの「70信号」を確認したので、主ハンドルを2ノッチの位置に入れた。だが、ドアが全部閉まったことを示すランプが点いていなかった。新幹線に限らず、一般に電車の運転電源回路は、全部のドアを経由しており、一ヵ所でもドアが閉まっていないと、運転電源が通じないから、列車は発車できない。Aは、窓から後ろを見ると、前から三両目の14号車のところにドアが閉まっていないことを示す赤い側灯が点いているのが見えた。

このとき車両検査係はたまたま車内点検に出ていたので、Aはホームに降りて14号車まで歩いた。そして、一人であれこれ調べ、ドアをポンと蹴ってみたら、ドアはスッと閉じた。そのとき、Aはホーム側にいたため、中に入れず取り残されてしまった。ドアが閉じると、「こだま210号」はゆっくりと動き出した。驚いたのはAだ。Aは運転席を離れるとき、重大なことを忘れていた。ブレーキ弁ハンドルを運転位置に、逆転ハンドルを前進位置に、そして主ハンドルを2ノッチに、すべて入れたままにしておいたのだ。発車に必要な条件は、電源以外は全部そろっていた。ドアが閉じて電源回路がつながれば、列車は運転士がいなくても、発車する。だから運転士は乗務中に運転席をみだりに離れることは禁じられているし、何かの事情で離れるときには、ブレーキや主ハンドルを停止位置にもどしておかなければならないことになっている。この運転基準を忘れた運転士Aの行為は、明らかにミスだった。

新幹線、無人で走った
"腹痛運転士置去り"発表はウソ
ドアを点検中、蹴ったら
閉まって"自動発車"
乗客千人のせて12キロ

「無人運転」を報じた毎日新聞1976（昭和51）年10月16日社会面トップ記事

……運転席に戻った検査掛は、無人で列車が動いているのに驚いて車内を探したが、Ａはいなかった。そこで、客席で見かけた便乗の運転士Ｂに、代理運転を頼んだ。Ｂが運転席についたときには、「こだま２１０号」はすでに丹那トンネル内を13キロ走っていた》

これが事実の一部始終である。国鉄の広報（新幹線総局広報室）が事実ありのままに発表していたら、新幹線の「安全神話」がランクアップしたと思う。ところが違った。

翌日の新聞の見出し――。

腹痛の運転士　新幹線狂わす
ちょっとトイレに　〝留守〟中／代理の同僚が発車
タクシーで熱海まで追跡／間に合うはずなし　（朝日新聞）

泣きっ面「オレの新幹線行っちゃった」
運転士トイレへ　その間に発車
動転　タクシーで追跡／三島駅の珍事（毎日新聞）

それから3ヵ月後の10月16日、毎日新聞は朝刊社会面トップで、黒ベタ白抜き凸版見出しで「新幹線、無人で走った」と報じた。

発表はウソ
ドアを点検中、蹴ったら／閉まって〝自動発車〟
乗客千人乗せて12キロ

毎日新聞社会部の国鉄担当草野靖夫記者（2012年没、72歳）の特ダネだった。国鉄は同日、全面的に創作であることを認め、新幹線総局長（常務理事）が辞任、ウソ話を作った新幹線総局次長と運転車両部長が減給、置いてきぼりを食った運転士が戒告処分を受けた。

草野は外信部に異動してジャカルタ、バンコク、マニラ、プノンペン支局長を歴任。定年退職後の1998（平成10）年、インドネシアで日本語新聞「じゃかるた新聞」を創刊。13年間編集長として健筆をふるうと同時に日本の若者たちの記者教育を行い、多くの人材を日本のマスコミ界に送り込み「草野塾」と呼ばれた。

列車黄害

「国鉄物語」の連載では「列車黄害」も取り上げている。

新幹線は、国鉄のながい間苦労の種だった列車の便所問題を解決した。床下にタンクを抱えて走ることにしたからだ。どこの国でも列車の便所はタレナガシだ。

しかし、おなじタレナガシでも、人煙まれなシベリア鉄道と東海道線では、問題の起きる度合いがちがってくる。

東海道新幹線に試乗した時に配られたパンフレットにこうある。

化粧室　奇数号車の東京寄りに洗面所、便所、小便所があります。1等車の便所の一つは洋式にしてあります。

汚物タンク　新幹線車両の便所汚物は、電車の床下に取付けた汚物タンクに蓄積しています。汚物の排出は電車基地で行っています。

トイレは和式だった。50年前、お尻が便器に触れる洋式は「不潔」と疎まれた。日本の鉄道に、はじめてトイレができたのは1889（明治22）年であった、と門田が書いている。《それまでは、汽車は大きな駅には5分間停車して、駅夫が便所の注意を叫んで歩いたものだが、客はいつ発車するかわからないので気が気でなく、婦人客など車のすみで用を足すのが多かった》

明治の初めアメリカ・ヨーロッパへ派遣された使節団の団長岩倉具視は万策つきてシルクハットを便器にしたという話があるとか、初代東京駅長高橋善一は、井上勝が旅行するときは、便所の近い井上のために、新聞紙でくるんだシビンをささげてうやうやしく先導するのが常であった、と紹介している。

我田引鉄

「我田引鉄」のお師祖さまは、平民宰相・政友会総裁の原敬だった。

原は、「べつに党勢拡張のために鉄道を敷くのではない。鉄道を敷く結果、地方民の共鳴を得て党勢が拡張するのだ」と称していたが、原内閣の鉄道大建設計画をたてたときの鉄道大臣は元田肇、その女房役として実際に手腕をふるったのは、次官の石丸重美で、石丸は当時鉄道建設に関する日本の権威だった。

そのころわが国の鉄道は、大体人口1万に対して鉄道1マイルの勘定になっていた。そこで、人口10万の淡路島には10マイルというわけで、岩屋から福良まで、佐渡ヶ島も夷《えびす》から相川までの予定線を引くという調子。当時の鉄道マイル数は6500マイルだったが、原内閣が議会を通した鉄道網案は、新たに6300マイルを全国各地に手当たり次第に敷こうというものだった。

原はこの我田引鉄政策によって大政友会を築き上げた。盛んなときは所属代議士281名で、院内に圧倒的多数を制し、院外の党員百万と号したので憲政会の連中が、「政友会は代議士の数のとおりフハイ（281）そのものだ」などといって口惜しがったものだ。そのうちに憲政会も我田引鉄を看板にあげるようになったが、やはりこの道の老舗たる政友会ほど派手にはいかなかった。

赤字ローカル線建設の背景には、2大政党の人気取り政策があった。1マイルは約1・6キロだから、原敬内閣（1918〈大正7〉年9月29日〜21〈大正10〉年11月4日）当時、国鉄線はざっと1万キロあり、さらに1万キロの建設を目指していたことになる。

1987（昭和62）年国鉄が分割民営化される前、全国の国鉄線は2万キロといわれた。私が国鉄本社を担当したのは、55・10（ゴーゴートー）のダイヤ改正の前後約2年間だったが、九州の添田線などで、絶対に開業しないであろう新線の建設が全国各地で行われていた。馬鹿げた話だった。「日本一の赤字線」美幸線の美深町長長谷部秀見が記者クラブを訪れ、「ローカル線廃止反対」を訴えたのもこの頃だった。

では、東海道新幹線はどうだったのか。「〝夢〟の超特急」とわざわざ夢をチョンチョンでくくって強調している。

〝夢〟の超特急

ますますひどくなる輸送難、過密ダイヤの緩和のために、国鉄内に幹線調査室が設けられたのが昭和32年（1957）。広軌別線案を打ち出したこの調査室は、国鉄内で〝空想村〟の名がつけられた。〝村長〟はむろん総裁十河信二ということになる。空想村の住人たちが考える他愛もない夢だというので、そこで〝夢の超特急〟という名がついた。

めぼしい国はどこでも、鉄道は飛行機と自動車に押されて、どんどんレールをひっぺがしている。このハイウエイ時代に、いまさら広軌別線などと時代錯誤もはなはだしい。膨大な金も要ることだし、こんなことが出来るはずがない。万里の長城、戦艦大和に、東海道新幹線を入れて世界の三馬鹿で、などともいわれた。

事実、方々の国が、収支つぐなわぬレールをはがして、自動車輸送に切替えてはいる。

東海道新幹線の建設を十河信二総裁が訴えた時、国鉄部内でも「ジイさんの妄想」と取り合わなかった。だから東海道新幹線が実現したのは、時代の要請では決してない。明治の男十河信二の執念だった。「東京オリンピックに間に合わせて、日本の復興ぶりを世界中の人に見てもらいたかった」

「国鉄物語」を4ヵ月連載して、門田の目にマンモス国鉄はどう映ったか。「国有鉄道」1965年5月号（交通協力会発行）にこう書いている。

《国鉄というものに、ちょとだけさわってみてのわたしの感想は、なるほどこれは巨大なものだ、ということだった。

国鉄の資料をみているうちに、わたしは子供のころ、よくうなされて泣いた夢のことを思い出した。それは、色も形もない、遠法《ママ》もなく大きな消しゴムみたいなものに喰いついたまま、噛み切ることも離すこともできなくて、身動きのとれない夢だった。国鉄は子供のころの夢と似ていると思った》

読売社会部・本田靖春

「門田勲」になりたい。私は心底そう思った――こう書いているのは、元読売新聞の社会部記者本田靖春である。

《私が「三等遊軍」をやっていたころ、朝日の社会部に門田勲という大記者がおられた。私はそのお顔も拝見したことさえないのだが、戦前からの新聞人で、古巣の社会部に戻られたのは、朝日の大阪本社の編集局長を務められたあとだったと記憶する。

社内での身分が何であったかは知らないが、私たち外野での理解は、この編集局長経験者が社会部に「平記者」として復帰したという、新聞界の先頭を行く朝日ならではの思い切った人事であった》

読売新聞社会部の本田靖春（『我、拗ね者として生涯を閉ず』より）

遺作となった『我、拗ね者として生涯を閉ず』（講談社2005年刊）にある。

その中で、本田がしびれたという門田の紀行文――。

浜松で江戸時代から続くうなぎの蒲焼の老舗。開き3年、刺し7年で焼き一生。主の手の指はやけどでひっつれ、内側に折れ曲がったまま伸びなくなっている。

《蒲焼と一口にいっても奥が深いものなんだ、とは思わせるが、料理人の自慢話の定型にややはまり過ぎたきらいがないわけでもない。だが、なぜか、皮肉が持ち味の門田氏は、その片鱗さえみせず、淡々と主の語りを追う。それでいて飽きさせないのは、さすがというべきか。

ところが、文章は終わりにきて、突如、冴えを発揮する。

「ところで先生、どういうところを差し上げましょう」

と向き直る主に、門田氏のひとこと。

「何でもいいから、なるべく能書のつかないところをくれ」》

◇

本田は、早稲田大学政経学部新聞学科を卒業して、1955(昭和30)年に読売新聞社に入社した。社会部の事件記者であり、書き手だった。

1962(昭和37)年5月3日夜、常磐線三河島駅構内で脱線した貨物列車に下り電車が衝突、電車の乗客が線路を歩いているところに、こんどは上り電車が突っ込んだ。死者160人、重軽傷者325人を出す大惨事となった。

警視庁担当だった本田は、衝突事故発生で現場に出された。現場に着くと二重衝突事故となっていて、死傷者多数。とても1人では手に負えない。応援を要請するとともに、1面本記は国鉄本社の記者に頼むようデスクに連絡し、まず近くの酒屋に前線本部を設置した。そして本田が書いた社会面トップ記事の前文——。

電車の床は血ノリですべった。折り重なる死体に足を奪われた。暗やみの中、白い蒸気をはいてそびえる機関車の黒いカゲが大きな魔物を思わせた。そこら中から何十人もの負傷者の助けを求める叫び声、ハラワタをしぼるうめき声……。ときどき光るフラッシュランプは折りかさなって倒れ傾く車の下にごろごろころがる死体、苦痛にゆがむ負傷者のせいさんな姿を浮かび上がらせる。高架線上の事故で救出はなかなかはかどらない。やみを

絶叫うずまく三河島駅

ヤミに死傷者散乱

救出もはかどらず

助け求めるうめき声

わが子、わが夫の名に

泣きくずれる婦人

家族ひしめく対策本部

死亡者

土手から〝人間の雨〟

目撃者が語る恐怖の夜

動かせぬ車両の下敷き

本田が書いた三河島事故の読売新聞1962（昭和37）年5月4日付、社会面

つんざく救急車のけたたましいサイレンが狂った現場の空気をさらにかきたてる。そのせいさんさは〝事故〟という言葉の限界をはるかにこえていた。

本田は《かねてから新聞記事の定型化、類型化に疑問を持っていた私は、意識的に型破りの原稿を送った。…三河島事故の報道は、手前味噌でなく、読売の圧勝であった》と書いている。

余談になるが、この三河島事故で重傷を負い、この事故がきっかけで一流企業のサラリーマンを辞めて毎日新聞に入社した記者が長野支局にいた。入社は筆者と1年違いだが、年齢は4歳上の大島幸夫（77歳）。この先輩に記事の書き方、写真の撮り方、お酒の飲み方などすべてを教えてもらった。「事故で救われた命を毎日新聞に捧げます」と面接試験でいったとか。

支局でよく逆立ちをしていた。開成中学・高校で体操部。早稲田大学商学部に入学して山岳部に入ったが、シゴキに反発して辞めた。毎日新聞では社会部、サンデー毎日記者として活躍。日曜版編集長となって、映画の現場ルポで世界を歩き、連載をまとめ『地球人の伝説―もうひとつのシネマワールド』（三五館1995年刊）を出版した。

社内野球のエース。40歳を過ぎてからランニングを始め、42・195キロのフルマラソンで3時間を切るサブスリーランナーとなった。100キロウルトラマラソンは9時間47分52秒。ボストン、ニューヨーク、バンクーバー、ロンドン、パリ、ベルリン、南ア・コムラッズ（89キロ）など世界中のマラソンを経験した。東京都心を走る「東京マラソン」を企画、警察の許可が下りないので、歩道を走った。第1回が2001年。東京都が2007年から始めた「東京マラソン」の何年も前だ。その「東京夢舞いマラソン」実行委員会の理事長である。視覚障害ランナーの伴走を務め、ニューヨークに本部を置く障害者のランニングクラブ「アキレス・トラック・クラブ」日本支部を創設した。

70歳を過ぎて、オーバーハングに近い大岸壁をよじ登ってマッターホルン（標高4478メートル）の頂上に立った。

文武両道。「家が燃料商だったので、商学部へ行ったが、慶応と早稲田の仏文にも合格していたんだ」。ロマンチストである。

『信州からの証言―地方記者ノート』（令文社1968年刊）、『沖縄の日本軍―久米島虐殺の記録』（新泉社1975年刊）、『戦後民衆史―人間記録』（毎日新聞社1976年刊）、『張本勲―不屈の闘魂』（スポーツニッポン新聞社1976年刊）、『日韓ルート―ドキュメント』（講談社1978年刊）、『沖縄ヤクザ戦争』（晩聲社1978年刊）、『燃えろ！　快速球―小松辰雄物語』（二見書房1980年刊）、『勇気に風を―太平洋縦断ヨットレースの記録』（毎日新聞社1988年刊）、『市民マラソンの輝き―ストリートパーティーに花を！』（岩波書店2006年刊）、『協走する勇者《アキレス》たち』（三五館2013年刊）など著書多数。

ＪＲ東日本は、この三河島事故の教訓を活かそうと、福島県白河市の総合研修センター内に2002年11月、「事故の歴史展示館」を開設した。広さ130平方メートル。入ってすぐが三河島事故。ジオラマとビデオ映像を組み合わせた再現装置で、なぜ事故が起きたかを解析している。

入口に大塚陸毅《むつたけ》社長（当時）のメッセージ。

《私たちが鉄道の安全確保のために日々使っているレールや設備は、すべて過去の痛ましい事故の経験や反省に基づいてできあがったものです。

お客さまに安心してご利用いただくために、また鉄道事業に従事する私たち自身の命を守るために、単にルールや安全装置の使い方を知るだけでなく、その背景にある事故の怖さを知り、鉄道の仕事に潜む危険と安全システムの果たしている役割を充分に知り尽くした上で仕事をすることが「真の鉄道のプロ」として最も大事です。

この施設は、過去の事故を忘れることなく、尊い犠牲の上に得られた貴重な体験として大切に引き継ぎ、安全に対する基本姿勢である「事故から学ぶ」ことを目的に開設しました。

ここに展示してある事例は限られていますが、事故から得られた教訓やその対策を充分理解し、そして世界一安全な鉄道を目指す職場風土を確かなものにしていきましょう》

本田に戻って、本田は１９６４（昭和39）年10月の東京オリンピックの開会式と閉会式の軟派（社会面）を担当した。各新聞社ともエース記者を投入して、その文章を競う。入社10年目の本田は、朝日、毎日のベテラン記者と比べて、格段に若かった。

10月10日、オリンピック晴れの開会式は、整然とした入場行進。分刻み、いや秒刻みのスケジュール通り式典は進み、聖火が聖火台に点火され、自衛隊機が雲ひとつない青空に五輪のマークを描いた。予め出稿してある予定稿に多少手を入れれば済んだ。

しかし、10月24日の閉会式は、予定稿が全く使えないハプニングが起きた。

選手入場――それはもう、式次第でいう「入場行進」などというものではない。その先頭は、歓声をあげ、勢いよくかけこんできた、若ものたちの一団だった。白い顔も、黒い顔も、黄色い顔も…オリンピックという世界の中で若ものたちは、しっかりスクラムを組み見事に一つになり、ロイヤル・ボックスの前を〝エイ、エイ〟と平和と友情の喜びのエールをかわしながら押し通った。その前を行く、日本チームの福井誠旗手は、あっという間に、その一団にのみこまれ、次の瞬間、かれのからだは、若ものたちの肩の上にあった。かれがささげる日の丸は、その肩車の上で、右へ、左へ、大きく揺れた。その光景は、素朴な日本の農村の秋祭りを思わせた。若ものたちは、声を合わせ、一つの掛け声に和している。おそらくは、それぞれのお国ことばで叫んでいるのだろうが、それが一つになるとき、まるで〝ワッショイ〟〝ワッショイ〟と聞こえてくるのだ。

電話口で目の前で起きていることを、そのまま原稿にして吹き込むことを「勧進帳」という。弁慶が安宅の関で白紙の勧進帳を読み上げたことに由来するが、本田も想定外の閉会式の進行に、勧進帳で原稿を送ったのだ。名調子を続けたい。

豊かなみのりをたたえるわこうどの祭典、そういえば、オリンピックも〝お祭り〟だった。〝ミコシ〟がバック・ストレッチにかかるころ、そのかげから〝ランナー〟が走り出る。ゼッケン「351」のランニング姿の黒いはだの若ものだ。

右手を、スタンドへ向かって、高々とかかげ、おどけた拍子で足をうしろにはね上げ、トラックを一周する。スタンドの爆笑と拍手に気をよくしたのか、さらに、もう一周。聖火ランナーにかわる〝友情ランナー〟の心持ちであろうか。

ロイヤル・ボックス前で、標旗をささげ持つ〝謹厳〟な自衛隊員のわきに、自分も直立不動、仲間に〝記念撮影〟をうながしている若ものもいる。その〝記念撮影〟に、またカメラを向ける別の若ものたち。

選手たちのいろとりどりの服装が、ないまぜになって、東も西も、北も南も、ここにはない。〝世界はひとつ〟と聞かされてきた、わたしたち。そのことばは、あまりに美しい響きのゆえに、かえって、そのウラに、大きな虚偽を隠しているのではないか――としか受けとれなかったわたしたちだった。しかし、いまわたしたちの前に、すばらしい光景が展開されている。

ハダの差もない。主義、主張の別もない。みんなが、肩を組み、いちように笑い、同じく手を振りながら、続々と通っていくのだ。

まっ赤な上着、白いズボンの日本選手団が、メダリストを先頭グループにはいってきた。金メダルを胸にした三宅がいる。猪熊がいる。河西がいる。みんな笑っている。明るい、かげのない笑い顔だ。その中に、たった一人〝異色〟の選手がまじっている。ケニアの選手のようだ。わざと、ニコリともせず、真正面を向いたままだ。それが、また、スタンドの爆笑のタネとなる。

やがて、聖火が、静かに消えた。競技場をのみこんだ暗黒のなかで、ギリシャ、日本、メキシコの旗だけが、照明にくっきりと浮かび出した。五輪旗がおろされる。スポット・ライトのまるい光の輪のなかを、ゆっくりと五輪旗が退場する。夜空いっぱいに響くコーラス…そして「ホタルの光」。たいまつをかかげた日体大学生群の列がゆれ動く。

その暗黒の中で、最前列に並んだ選手たちは、母国の旗をかかえ、交差した両手は左右の旗手の手にぐっとつながっていた。別れは悲しいと思っていた。だが、別れは楽しかった。

閉会式のしめくくりをつけてくれたのは、ニュージーランドの九人の男子選手たちだった。うち二人は、日本の中学生の帽子を、一人は白に赤い縁どりの婦人の帽子をかぶっている。九人は、一団になってトラックを一周、ロイヤル・ボックス前に横一列に整列すると、何度も何度も、日本式のおじぎをくりかえし、最後に大きく一つお国ぶりの〝ウォー・クライ〟をあげるのだった。

天皇・皇后両陛下のお帰りが、十分遅れた。式典係にとってはそれは異例の〝重大誤算〟だったかもしれない。しかし、この誤算は、だれにとっても、うれしい誤算としかいいようのないものだった。東京オリンピックは、ほんとうに大成功だった。電光掲示板に「サヨナラ」の文字があった。この使いなれたことばが、この夜ほど効果的に人びとの心をつないだことは、かつてなかったようである。

全文117行。1段15字の時代だったから、ざっと1700字。閉会式を私はテレビで見ていたが、改めて読売新聞の閉会式の社会面を読み返して、あのときの情景、興奮が蘇った。カルチャーショックだった。入場行進といえばお行儀よく、キチンと列をつくってくるものと思っていた。予想外の展開だった。しかし、最後はこれでいいのだ、と納得していた。本当に素晴らしい閉会式だった。

本田は、2004（平成16）年12月4日、10年余の闘病生活の末、亡くなった。71歳だった。

数々の門田伝説

本田が憧れた門田は、その20年前の1984（昭和59）年10月27日に亡くなっている。82歳だった。

朝日新聞は、その日の夕刊で訃報を掲載した。社会面の漫画の下、2段見出しで顔写真付き。社会部の後輩で「天声人語」の荒垣秀雄の談話を含め全文70行もある。自社の記者の訃報としては破格の扱いではないだろうか。

記事は、門田の著書『外国拝見』『中共拝見』『ソ連拝見』などをあげたあと「簡明で、歯切れのよい筆致、明快な論旨で新聞文章にひとつの境地を切り開いたといわれる」と最大限の評価をしている。

さらに「門田さんの文章術には、目がさめるようだ」「こんなに一センテンス一センテンスそのものが、生き生きと生きた文章は今日稀である」と、ノーベル賞作家・川端康成の賛辞を紹介している（『外国拝見』の序文）。

「戦後、強くなったのは靴下と女」

これは門田が朝日新聞に書いて流行語になった言葉だという。取材先の愛媛県のみかん山で農協職員がふと漏らした言葉を記事に織り込んだ。

荒垣秀雄の談話「非常な名文家で、洗練され、引き締まった文章で鳴らし、しゃれたエッセーが得意だった。記者会見なんかに出ても、一番後ろで質問せずにいて、そのくせ翌朝の新聞を開いてみると、一番核心を突いた、光った記事を載せていた。服装もダンディーで、万年筆から時計まで何でも一流のものを身につけており、同じ柄の服を数着ずつ持っているという話だった。とにかく花形記者、という形容がぴったりの人だった」

門田勲。1968（昭和43）年ごろ

それから17年経って、朝日新聞の2001年11月11日付日曜版「旅する記者」で「門田勲」を取り上げている。旅先は、朝日新聞の東京本社があった有楽町である。筆者は河谷史夫（当時編集委員、のち夕刊「素粒子」担当）。

夕刊に連載した『記者風伝』をまとめ、出版している（朝日新聞出版２００９年刊、文庫版は改題して『新聞記者の流儀―戦後24人の名物記者たち』２０１２年刊）。

フロントページの大見出し――。

反骨　昭和の名記者の面影

記者はやっぱり、

　書くのが仕事。編集局長から

ヒラに戻って縦横な筆、門田勲。

中面には――。

　里見弴も大佛次郎も、

川端康成も彼の文章をほめた。

伝説。警視庁を褌一つで歩いたときから、始まる。

門田は東京生まれだが、第三高等学校—京都帝国大学から1928（昭和3）年に東京の朝日新聞社に入社した。高文（高等文官試験）に合格していて内務省を志願したが「落っこってしまい」、1年遅れで新聞記者となった。

《新聞記者稼業というものに色々な抵抗を感じながらも、やがて私はバカバカしいほど夢中になっている自分に気づいた》

社会部記者として自殺の現場を取材し、顔写真を集める。それには「適度の困難」を伴うが、《当時流行のクロスワード・パズルとか謎々とかを解く、あれに似た困難さと変化、つまりその魅力である》

《こうした適度な困難を解決して得た結果を原稿用紙に次々と書きつづりながら、私はふと、歌手が歌を唱いあげているときのようなあの快さ、つまり歌うような快感を感じているのに気がついた》

原稿をデスクに出す。デスクから整理部に、そして工場へ。輪転機が回る。

《私と同じにこの事件を取材していた他の新聞社の記者連中も同じように原稿を提出したに違いない。もう勝負はついている》

《やがて各社の新聞が配達されてくる。私は手早く各新聞を開いて、あの自殺者の事件を読みくらべる。なんという魅力であろう。ちょいとしたスリルにも似たものだとすると、私をひきつけていたものは、それは、スポーツやバクチと同じものではないか》

門田は、新聞記者稼業の魅力をこう綴っている。日本新聞協会が発行する協会報の「記者と人生」。のちに『新聞記者―エンピツの嘆きと喜びと―』（同文館1956年刊）として出版された。もう1冊『新聞記者』（筑摩書房1963年刊）がある。これに「警視庁を褌一つで歩いた」伝説の真実が語られている。

1929（昭和4）年当時、警視庁は《宮城前広場の、馬場先門を入ったすぐ右側にあった》。有楽町の毎日新聞東京本社の西側にあった庁舎が関東大震災で焼け、桜田門の現在地に移る前。《ほんの間に合わせに作られた平屋、トタン屋根のバラックで、ウナギの寝床みたいな長い長い建物だった。真っすぐに通った廊下の長さが二町。…この板張りの廊下の玄関のすぐそばと廊下の中ほどに記者クラブがあった》

冷房なんてない時代。夏は地獄だった。トタン屋根の熱気が物凄く《夕刊の締め切りがすぎると、ときどき二つの記者クラブの間をパンツひとつで手拭を肩にかけてぶらつい》た、というのだ。

《わたしが警視庁の廊下をハダカで散歩したという話は、年が経つにつれてだんだん尾ひれがついてきて、しまいには、そのハダカの背中に自分の名前を書いた大きな紙をブラ下げて歩いていたという『伝説』にまで発展したようだ。新聞記者にはいつもながら話をおもしろくする天才が多い》

「朝日に今度来た新人は」で、警視庁のお巡りさんにいかに顔を覚えてもらうかなのだが、警視庁舎内の廊下を真っ昼間パンツひとつで歩くのは「奇行」ではある。

特ダネ競争への対応も、並の記者とは違っていた。ベタ記事のネタでもライバル社には隠すのが普通だが、門田は「わたしは社から特種ものとして取材を命ぜられた分は別として、自分の発意で手に入れた特種や情報は、他社の連中にもたずねられればたいていみんな話してきかせていた」。

大人《たいじん》である。で、その後、横浜支局長、東京本社社会部長、学芸部長などを経て1950（昭和25）年10月から1952（昭和27）年2月まで大阪編集局長。このあとヨーロッパ、アメリカを移動特派員として回り、1955（昭和30）年には中国を訪れた。1957（昭和32）年3月、古巣の東京本社社会部に一部員として戻り、1958（昭和33）年4月、ソ連に特派された、と訃報記事の略歴にある。

編集局長から何故ヒラ記者に左遷になったのか。当時の朝日新聞・村山長挙《ながたか》社長（社主）の藤子夫人との角逐がいわれた。大株主村山家が紙面づくりに口出しをする。編集権への介入。それに抵抗する編集首脳。

河谷の記事に、こんなエピソードが紹介されている。

《夕方、電話が鳴った。「おう、だれや」。面倒くさそうに取ると社主夫人だ。「車を呼んで」「車？　ここはタクシー会社じゃないぞっ」。がちゃんと電話を切った。そんな編集局長だった、と》

『古い手帖』（朝日新聞社1974年刊）で必ずといってよいほど引用される門田の文章――。

「肉かね？　肉は好きだよ」

と、モーパッサンが言ったそうだ。

「いちばん好きなのは女の肉さ――」

食べものの話でも、こんな話がわたしは好きだ。

門田よりちょうど一回り下の社会部の書き手、「人物天気図」・夕刊「素粒子」の斎藤信也（1

914〜87）が、門田の著書『古い手帖』朝日文庫本（1984年版）のあとがきで、信夫韓一郎の文章を紹介している。

《よく「門田とはどういう人か」と聞かれたので「朝日で一番無愛想で、一番かんしゃく持ちで、一番筆の立つ男だ」と答えるのを常とした》

その斎藤は、こう続けている。

《一に笠、二に門田、三、四が無くて、五（毫）も無し

あるいは一に門田、二に笠…とでも妥協しておくか》

笠とは、『〝花見酒〟の経済』（朝日新聞社1962年刊）の朝日新聞論説主幹笠信太郎（1900〜1967）である。

作家の大佛次郎が、1972（昭和47）年築地の国立がんセンターに入院、病床日記「つきぢの記」を綴っているが、翌年亡くなる直前に門田勲が登場する。

4月20日　夕、門田氏ぶらりと入り来たる。思へば僕の一生をきめてくれたような人。彼なくしては「天皇の世紀」も「パリ燃ゆ」も生まれざりしなるべし。ふしぎと彼（の）顔を見て涙出

ず。何も云はずわかってくれる有難さなり。
４月25日　門田君一生の恩人なりしこと忘れてはいけない。
　みんなしんせつにしてくれてありがとう。
　皆さんの幸福を祈ります。

これが絶筆だった。４月30日死去、75歳だった。

3　大紙社会部の健筆記者

門田が朝日新聞の社会部長をしている時、毎日新聞の社会部長は江口栄治（１８９９〜１９６６、のちに１面コラム「余録」の筆者）、読売新聞には、高木健夫（１９０５〜１９８１、のちに１面コラム「編集手帳」の筆者）がいた。
戦後間もなくのことで、この３人はよく有楽町駅のガード下で飲んだ。仲がよかった。門田は江口、高木のライバル記者に「巾着切りみたいな世智辛さがなくて、わたしの新聞記者生活の楽しい競争相手だった」（『新聞記者』）とエールを送っている。

江口は「ヨレヨレの復員服に、鋲打ちの兵隊靴。いくら終戦直後とはいえ、新聞記者の中でこんなひどい服装をしている者はいなかった」と、高木は『新聞記者一代』（講談社1962年刊）に書いている。門田も「いつもくさいようなボロ服を着て、飄々とした、そして気持ちのサッパリとした呑み助だった」と、紹介している。

江口の甥・江口宏（88歳）は、ロッキード事件のときの毎日新聞政治部長（のち下野新聞社長・会長）。「おじは田舎に帰ってくると日本はこの戦争に負けると早い段階からいっていた。非国民ですよ、悲観的なことをいうのは。でも、おじのいうことが正しかった。国民は嘘っぱちを教えられていた。新聞記者になろうと思ったのは、おじの影響だった。最初は官僚になろうと思っていたが」と電話口で答えた。

高木について、門田は「八宗兼学」のケンプ（健夫）と一目置いているが、朝日新聞一筋35年で定年を迎えた門田は「いくつもの新聞を出たり入ったり、また出たかと思うとまた入ったりのスレッカラシ（のケンプ）とは大違い」と書いている。

高木のスレッカラシぶり。高木は「読売」に入っては出、出ては戻るで、戦後、三たび「読売」へ復社した時「正力のジイさんが巣鴨へ行っているスキに、勘当された道楽息子がおフクロに口説かれて裏口から実家に帰って来たようなもんだ」と、同僚から皮肉られたという。

高木はまず徳富蘇峰の「国民新聞社」に入社した。1927（昭和2）年だった。最初は、地方版の整理。原稿に目を通し、見出しをつけて、職工さんに指示をして1ページ大に組み上げる。それが整理記者の仕事である。それから山形県の米沢通信部。「3年余りの田舎まわり」をして、1930（昭和5）年に社会部へ。社会部デスクに鈴木竜二（のちにプロ野球セ・リーグ会長）、整理部に佐々木金之助（金治、のちに読売巨人軍代表）がいた。

警視庁を担当して出会ったのが、朝日新聞の門田勲であり、東京日日新聞の江口栄治だった。すぐ読売新聞の社会部にスカウトされる。高木は「月給を5円だけ高くしてくれれば」という条件を出して、社長の正力松太郎に認めさせたという。

しばらくして大毎（大阪毎日新聞）社会部から「文章のうまい遊軍記者」に誘いがかかった。私も大阪本社社会部に3年ほどいたので、ケンプさんは先輩である。私が転勤した1971（昭和46）年、『大毎社会部70年史』が発行された。新聞史上初の「社会部」誕生は、1901（明治34）年とあった。20世紀とともに生まれた、斬新なネーミングの組織だった。当初、「社界部」と書かれることもあった。政界、財界、官界といわれるから「社界」の方がピッタリだったのかも知れない。

そこで「城戸事件」が起る。編集主幹・城戸元亮は、社会部長に聯合通信（共同通信の前身）

内信局長の徳光衣城（伊助）を据えた。徳光は東京紙の腕っこき社会部記者を次々にスカウト、高木らの移籍記者たちは「聯合艦隊」と呼ばれた。伝統ある大毎社会部の生え抜き記者とは軋轢が生じる。本田親男（のちに毎日新聞の社長・会長）は長崎通信部に飛ばされた。

ところが「毎日新聞中興の祖」本山彦一社長が１９３２（昭和７）年12月30日死去。取締役会長に就任した城戸元亮は、１９３３（昭和８）年10月の臨時取締役会で解任されてしまうのだ。「聯合艦隊」の記者たちは、徳光衣城社会部長とともに退社した。その数59人。のちに読売の重役になる岡野敏成、読売巨人軍代表佐々木金之助のほか、作家の子母沢寛（梅谷松太郎）、「丹下左膳」の林不忘（長谷川梅太郎）、「日劇ミュージックホール」の演出家となる丸尾長顕（一ノ木長顕）らがいた。

外套を肩に新聞記者帰る

格好いい社会部記者。これは徳光が詠んだ。門田勲も褒めた。

で、高木は東京に戻る。「二六新報」から古巣の「国民新聞」、１９３５（昭和10）年には満州・長春で創刊された「大新京日報」へ。「翌昭和11年の2・26事件のときは読売の社会部にいた」というのだからめまぐるしい。社会部次長（デスク）から東亜部次長。1938（昭和13）年、北京で元大毎社会部長徳光衣城が創刊した「東亜新報」にはせ参じる。

そして敗戦。中国の国民政府に足止めされ「華北日報」日本語版の翻訳にあたった。日本に引き揚げて、「読売新聞」論説委員に戻ったのが1946（昭和21）年6月。1面コラム「編集手帳」を担当したのは49年3月1日からだった。

高木は「新聞記者ほど面白い仕事はない」と書いている。鉛筆1本の渡り鳥人生。さもありなん、と思う。

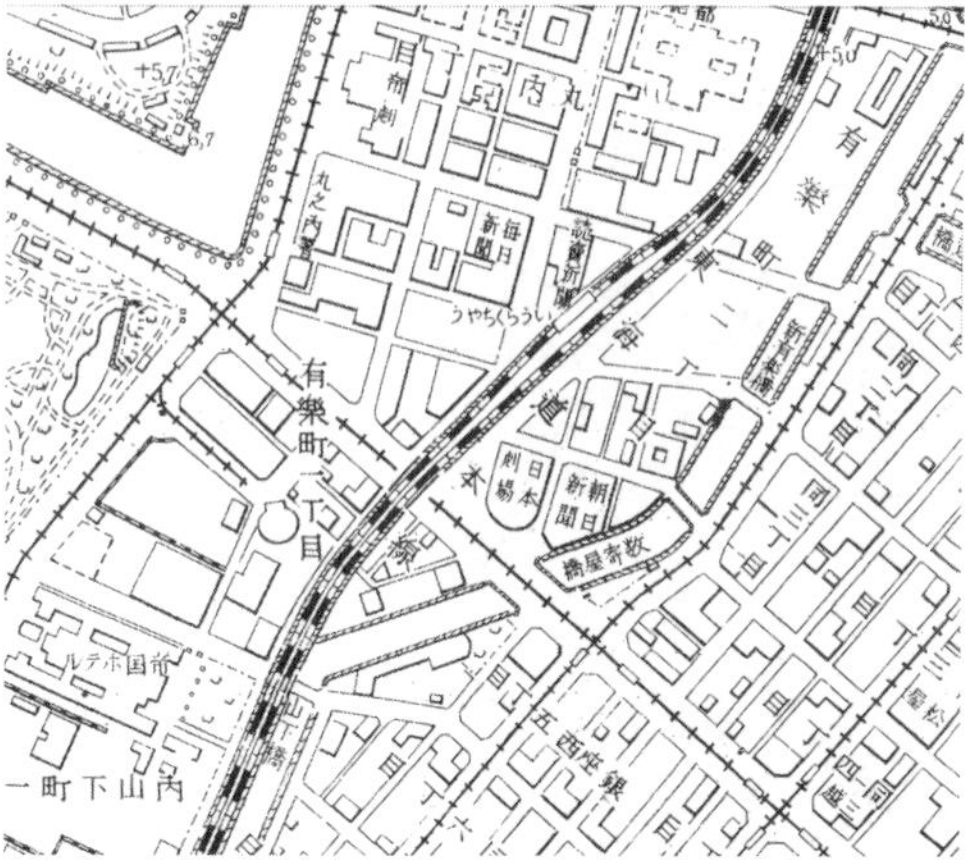

朝日、毎日、読売の３大紙の本社があった「有楽町新聞街」
（『戦後復興期東京１万分の１地形図集成』より）

有楽町新聞街

かつて有楽町は新聞街といわれた。明治の「銀座新聞街」から新興地に移った。山手線有楽町駅は1

910（明治43）年6月25日に開業した。3大紙のひとつ「報知新聞」は「長蛇の様な煉瓦壁上を轟ッと走る汽車の響は正に現代新文明が擧げた雄々しい勝鬨である」と報じた。100年経った今も、レンガ造りの高架は健在である。駅の所在地を「わが社の裏に出来た」と説明した。「銭形平次」の野村胡堂は「明治が大正と改まる前年、報知新聞に入った」と書いているから、有楽町駅の開業後だ。

数寄屋橋にあった朝日新聞東京本社。朝日新聞日曜版「旅する記者」45東京　有楽町、2001（平成13）年11月11日付

報知新聞社がどこにあるかは、誰でも知っていた。現在ビックカメラのある場所だ。1942（昭和17）年、読売新聞に吸収された。社屋は読売新聞に渡り、戦後、読売新聞本社にもなった。ちなみに3大紙の残りふたつは福沢諭吉の「時事新報」と徳富蘇峰の「国民新聞」である。「報知新聞」は「スポーツ報知」として痕跡を残すが、他の2紙の題字は消えている。

報知新聞社の前に、東京日日新聞があった。有楽町駅開業の1年前、1909（明治42）年3月に社屋を新築して、銀座尾張町（現在のニューメルサ）から引っ越してきた。現在新有楽町ビルのある場所だ。ところが経営難から、2年後に大阪毎日新聞に吸収される。看板は「大阪毎日新聞東京支店東京日日新聞発行所」に書き替えられた。戦後、題字が「毎日新聞」に一本化された。1966（昭和41）年に竹橋パレスサイドビルへ移転するまで57年間、有楽町がフランチャイズだった。

読売新聞は、銀座1丁目にあった。1923（大正12）年、現在プランタン銀座のある場所に新社屋を建設、9月1日に落成式を行う予定だった。ところが、ちょうどその日に関東大震災が発生して、新社屋が焼け落ちてしまったのだ。そして経営難に陥る。正力松太郎（1885〜1969）が、後藤新平から借金した10万円を持って乗り込んだのが翌1924（大正13）年2月だった。正力は前年の虎ノ門事件の責任をとって、警視庁警務部長を辞職した。満38歳だった。

大阪で生まれた朝日新聞社が有楽町に新社屋を建設して銀座滝山町から引っ越してきたのは、1927（昭和2）年だった。朝日新聞の社史によると、敷地面積998・4坪、その3年前に100万円で買い取ったとある。土地を入手した営業局長は、石井光次郎（のちの衆院議長、シャンソン歌手故石井好子は二女）。石井にこの土地をあっせんしたのは、読売新聞社長・正力松太郎だったとあるから面白い。今マリオンのあるところだ。

朝毎読の3大紙が有楽町にあった。現在のような午前1時半の降版協定はなかった。午前3時でも4時でも、火事や事件があれば取材をして、最終版の追っかけを取って突っ込んだ。だから有楽町のガード下の飲食店は、朝まで営業するところが少なくなかった。

街に活気があった。

門田勲がこんなことを書き残している。

《新聞記者になりたてのころ、銀座でビールをのんできては、新聞社の屋上から遠い夕焼けの空に浮かんだ富士山を眺めたり、下の川に向っていい気持ちで〝尞雨〟をしたのを思い出す》

第5章

レイルウェイ・ライター・種村直樹（1936〜2014）

種村直樹
（告別式の会場の写真）

鉄道開通の記事

鉄道が初めて新橋―横浜間に開業したのは、1872(明治5)年10月14日(太陰暦9月12日)。翌日の「東京日日新聞」第181号に、それを報じる記事が載っている。

明治五年壬申九月十三日乙未晴

西洋千八百七十二年十月十五日

火曜＝寒暖計正午七十度

壬申《みずのえさる》は、この年の干支《えと》、乙未《きのとひつじ》は、この日の干支である。天気は晴れ。ちなみにこの日の東京の日の出は午前6時23分、日の入りは午後5時45分だった。

日本が太陽暦を採用したのは、翌明治6年1月1日から。太陰歴は明治5年12月2日で終わり、翌日から太陽暦となった。従って明治5年12月は2日しかなかった。12月分の役人の給料は、支払われなかった。

寒暖計正午70度、華氏である。摂氏に直して21・1度。暖かい日だった。気象庁のお天気観測は1875(明治8)年6月1日から始まった。この日が気象記念日になっている。それより3年も前だ。編集室に寒暖計が掛けてあったのだろうか。

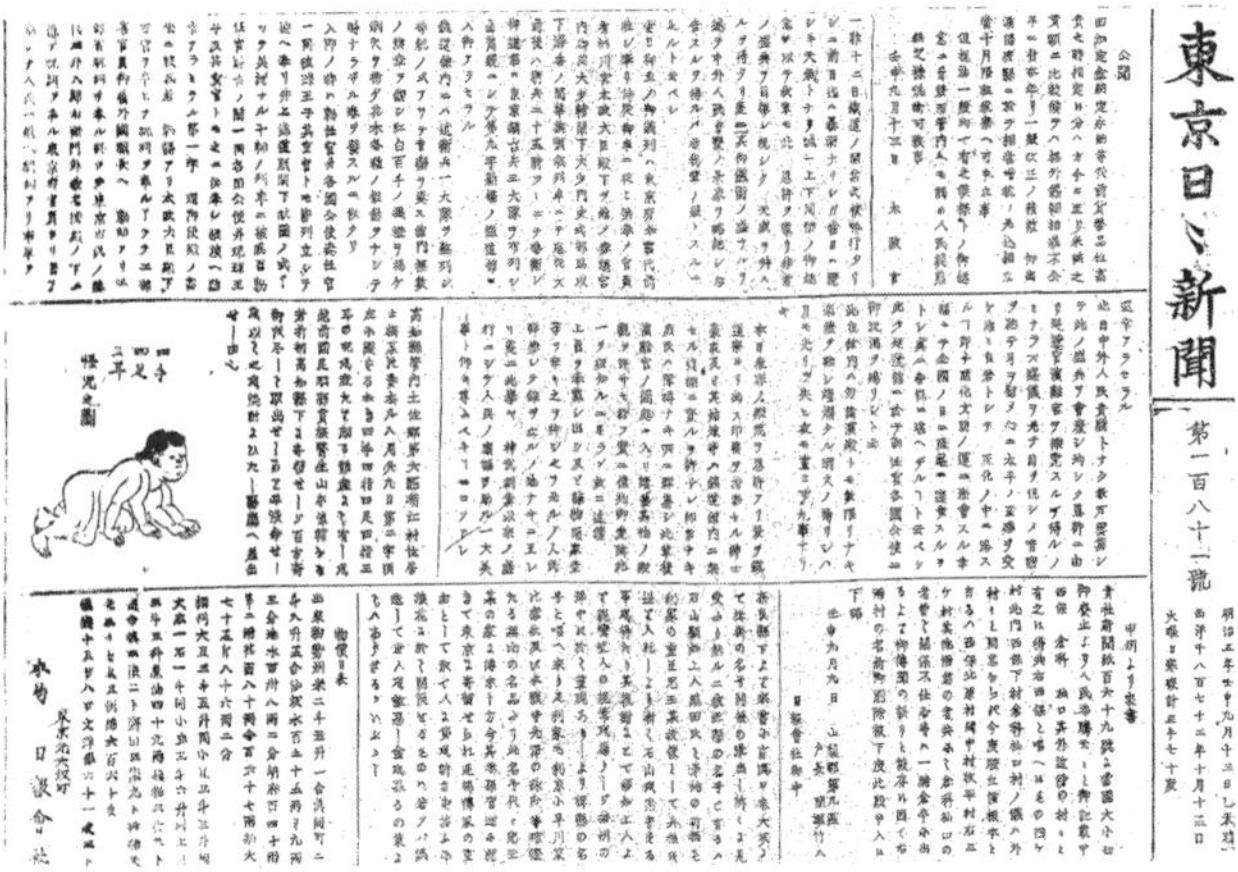
東京日〻新聞
第一百八十一號

鉄道開業式を伝える東京日日新聞第181号。1872（明治5）年10月15日付
上段太政官「公聞」のあとから2段目の3分の2が開業式の記事

新聞は、A3判よりひと回りほど大きい和紙に、木でつくった活字を組んで印刷した。ペラ1枚の片面刷り。1段16字組み、49行。3段組み。1ページに活字が2352本入る。

鉄道開業の記事は、全文67行。紙面全体のほぼ半分を占める。しかし、見出しも写真もない。素っ気ない扱いである。新聞に写真が載るのはまだ先だ。《前日迄ハ暴雨ナリシガ、当日ハ麗シキ天気トナリ》と書き出し、《我輩モ此恩許ヲ蒙リ非常の盛典ヲ目撃シ親シク天威ヲ拝スルヲ得タリ》。

明治天皇が行幸された。式典のあと、3号車に乗って新橋―横浜間を往復された。高級官僚の奏任官以上は、直垂《ひたたれ》着用が義務づけられ、烏帽子姿が目立った。おごそかに行われた式典。とても近代国家の始まりとは思えない。

開業式は、当初9日に予定されていたが、天気の都合でこの日に延期された。新橋駅で開業式を取材した記者は、駅（鉄道館と書いている）は、紅白の提灯がいっぱいかかり、各種の花が飾られて《時ナラザル春ヲ発スルニ似タリ》と続けている。

駅は一般民衆にも開放され、夜になっても賑わいが続いた。数限りない彩燈、花火が上がり、《月モ光ヲ失ヒ夜モ昼ヨリ見事ナリキ》と記している。

この記者が鉄道記者の始まり？　いや、鉄道の開業は、それより4ヵ月も前の1872（明治5）年6月12日（太陰暦5月7日）品川―横浜間で、仮開業を始めている。「東京日日新聞」に「品川―横浜間鉄道発着時間と賃金表」が載っている。それによると、1日8往復が運転され、途中駅として川崎と神奈川の2駅が記載されている。ちなみに品川―横浜間の運賃は、上等93銭75厘、中等62銭5厘、下等31銭25厘だった。

「東京日日新聞」は、この年の2月21日に創刊した。鉄道と同じ年に生まれた。太陰暦と太陽暦の両暦併記は創刊号からだ。

明治五年壬申二月廿一日第一號
西洋千八百七十二年三月廿九日

寒暖計正午五十二度　　金曜日

定價　壹枚　百四十文
一ケ月分　銀貳十円

1部1銭4厘。1ヵ月33銭。当時の米は1升（1・4キロ）3銭5厘。「読者は極めて少数の知識層や、富裕層に限られた。官吏や実業家、地方の素封家の一部でなければ購読しなかった」（『毎日新聞百年史』）

「東京日日新聞」は、東京で発行された最初の日刊新聞である。現存する新聞では最も長い歴史を持つ。その発刊号数は「毎日新聞」に引き継がれ、間もなく5万号を迎える。4万号は、27年前の1987（昭和62）年8月30日付で、社会部の先輩で編集委員だった今吉賢一郎（1961年入社）が創刊時の人たちを連載で紹介した。『毎日新聞の源流―江戸から明治　情報革命を読む』（毎日新聞社1988年刊）として出版されている。

「東京日日新聞」創刊翌日に、江藤新平（1834〜74）が発行所を馬車で訪ねた。東京浅草茅町1丁目の条野伝平（1832～1902、戯作者・山々亭有人《さんさんていありんど》、当時41歳）宅である。「太政官で新聞を見た。まだ新聞を知らぬ人が多いから出費は多く、利益は少なくて大変だろう」「維持するには忍耐、読者を増やすには勉強だ」「この二つをわきまえていれば、10年を待たず一大商業になる」と条野らを励ました。そして翌日から自宅（麹町7丁目）に配ってくれるよう、頼んだ。最初の購読申込者だった。当時江藤は文部大輔、左院一等議員を経て、左院の副議長だった。江藤は征韓論によって下野、佐賀征韓党に推されて挙兵したが敗れ、1874（明治7）年4月処刑された。

創刊に携わったのは、条野のほか、貸本屋の番頭だった西田伝助（1838～1910、俳号鼓汀・菫坡、35歳）、浮世絵師・落合幾次郎（1833～1904、芳幾、40歳）の計3人。1、2カ月後に地本問屋の広岡幸助（1829～1918、44歳）が加わる。「この4人が250円ずつ出し、1千円で始まった」と広岡は語っている。

創刊にかかわったのは他に郵便制度生みの親・前島密の後任の駅逓権正《ごんのかみ》杉浦譲（1835～77）。杉浦は「日報社員約条」をつくった。「会社の主権は社員にある」「社員は社主を公撰する権利がある」「社主は社員の中から撰挙で決める」「約条に反したものは、社員による公判で退社させることがある」。民主的な規約である。

もうひとり、辻伝右衛門・安次郎親子。鉄道開業を報じる「東京日日新聞」の発行所は、「東京元大坂町」となっているが、日本橋人形町の辻伝右衛門宅の貸本店である。辻は「東京日日新聞」の用紙購入に尽力した。元「銀座」役人のエライさんで、江戸文化人を集めた「興画会」の中心人物、と今吉は書いている。息子の安次郎は、「木活字10万個をつくった人」。「東京日日新聞」は当初鉛活字を使っていたが、充分に活字が揃わないことから紙面が読みづらく、第118号から303号までが木製の活字をつくって、使用した。鉄道開業を伝える紙面は、その木製活字を使った。

「東京日日新聞」の発行所は、浅草茅町・条野伝平宅→元大坂町・辻伝右衛門宅貸本店→1873（明治6）年2月浅草瓦町16番地。そこから「銀座煉瓦街」に進出する。

余談になるが、「銀座煉瓦街」は、明治5年の銀座大火のあと、不燃都市を目指してつくられた。「東京日日新聞」創刊5日後。銀座通りの幅15間（27メートル）もその時に決まった。

1874（明治7）年5月11日銀座2丁目3番地（銀座通りに面した現在のメルサ）→1876（明治9）年12月31日尾張町（銀座5丁目のニューメルサ）。

「東京日日新聞」は、「銀座新聞街」の顔でもあった。有楽町駅前に新社屋を建設したのが1909（明治42）年3月（現在の新有楽町ビル）。さらに竹橋のパレスサイドビルへ移転するのは、1

966（昭和41）年9月である。

条野、西田、広岡は、福地源一郎（桜痴、1841〜1906）とともに、江戸開城後の慶応4（1868）年「江湖新聞」を創刊した。記事はすべて福地が書いたが、「薩長が第二の幕府」と政府批判して逮捕された。言論弾圧の第1号だった。福地は釈放されて、その後大蔵省に入り、岩倉使節団の1等書記官としてアメリカ・ヨーロッパ各国を訪れた。「東京日日新聞」創刊号は、岩倉使節団が大雪のため米ソルトレークで足止めされていることを報じている。

福地が大蔵省を辞めて、「東京日日新聞」（日報社）に入社したのは1874（明治7）年秋、と毎日新聞社史にある。のちに主筆、社長。

もうひとりのスター記者岸田吟香（1833〜1905）は、福地より1年早く1873（明治6）年9月に主筆として入社した。記事を口語文に改め、読みやすい紙面にした。「麗子像」の洋画家・岸田劉生は四男。

発行部数はどれほどか。西田伝助の証言が残っている。「奇態なことに百号に就いて必ず売高が殖へて行って、100号のときが1000枚、200号のときが2000枚といふ順で明治7（1874）年5月に銀座の新築に引移る時分には発売高8000枚以上になった」

鉄道開業を報じた日の印刷部数は、2000部ほどだった。

創刊2ヵ月後には大阪、静岡、新潟、5ヵ月後の7月には名古屋、さらに販売網は京都、甲府、仙台、下総流山、四国の伊予宇和島などと広がった。1873（明治6）年3月2日から表裏2ページ印刷となった。

語り草になっているのが、改暦報道だ。明治政府は、1972（明治5）年11月9日、太陽暦の採用を発表した。「東京日日新聞」は9、10両日の紙面で詳細に報道した。この新聞が飛ぶように売れた。

《太陽暦御発行の御布告を232号に記載せしに、本局及び取次所へ来たる買人雲の如く霞の如く。10日11日両日に売却の高、万に過ぎたり。依て12日には再度活字を組立てしに尚買人麕集《きんしゅう》（群がり集まる）し、本日迄の売却高殆ど2万5千に過ぎたり》（「東京日日新聞」11月16日付）と社史に載っている。

空前の売れ行きである。徹夜の印刷作業が続いたと思われる。

鉄道100年

それから100年――。1972（昭和47）年10月14日、毎日新聞は、「鉄道100年」の8ページ特集を発行した。

フロントページは、「暮らしの手帖」編集長花森安治（1911〜78）の寄稿文。

　百年たってみて、
いろいろやってみて、
けっきょくわかってきたことは、
鉄道とは、人間を運ぶものだった、
ということではないのか。それを、
もうけを第一に考えるのが、
なにか合理的なことと考えちがいして、
ずいぶん人間を粗末にしてきた。
人間を大切にすれば、
赤字が出てあたりまえだ。
あすから百一年だというではないか。
このへんで、
人間第一主義にアタマの線路を敷きなおし、
あらためて笛を吹き、

汽笛を鳴らしたまえ。

では、出発進行。

「赤字国鉄」は、国鉄の原稿を書くときの枕言葉になっていた。「財政再建計画」は、すでに１９６９（昭和44）年から始まっていた。

国鉄担当から社会部遊軍記者となっていた種村直樹（当時36歳）は、喜々として特集紙面を埋めている。

まず未来の鉄道に焦点を合わせて「３つのＳ　その未来」。

スピード＝10年先は５００キロ、とリニアモーターカーの夢

サービス＝「走る別荘で週末を」と夢を語るが、ＪＲ九州の「ななつ星」で実現？

セーフティー＝自動運転方式で。

「国鉄にみるスピード百年」（抜粋）

明治５（１８７２）年10月14日　新橋—横浜29・１キロを53分。時速32・９キロ。

22（１８８９）年７月１日　新橋—神戸間全通。20時間５分。時速30・１キロ。

29（1896）年9月1日　新橋—神戸急行運転。17時間9分。時速34・8キロ。

39（1906）年4月16日　新橋—神戸最速急行。13時間40分。時速44・2キロ。

この年、鉄道国有化。山陽鉄道など17私鉄を買収。

45（1912）年6月15日　新橋—下関に関釜航路経由の欧亜連絡特急新設。

1130・5キロを25時間8分。時速45・1キロ。

大正10（1921）年8月1日　C51で東京—神戸11時間45分。時速51・1キロ。

昭和5（1930）年10月1日　東京—神戸超特急「燕」9時間運転。

東京—大阪8時間20分、時速66・8キロ。

9（1934）年12月1日　丹那トンネル開通。

東京—大阪「燕」8時間、時速69・6キロ。

17（1942）年11月15日　関門トンネル開通。

東京—長崎1335キロ、「富士」22時間30分、時速57・2キロ。

18（1943）年2月　「富士」博多で打切り。21時間半、時速54・7キロに低下。

10月　超特急「燕」廃止。

19（1944）年10月　最後の特急「富士」廃止。

24（１９４９）年９月15日　東京—大阪特急「へいわ」９時間、時速61・８キロ。

25（１９５０）年５月11日　「へいわ」を「つばめ」に改称。「はと」運転。

10月１日　「つばめ」「はと」東京—大阪８時間。時速69・９キロ。

31（１９５６）年11月19日　東海道本線全線電化完成。

東京—大阪「つばめ」「はと」７時間半、時速74・６キロ。

東京—博多「あさかぜ」17時間25分、時速68・８キロ。

33（１９５８）年11月１日　ビジネス特急「こだま」登場。

東京—大阪６時間50分、時速81・９キロ。

35（１９６０）年６月１日　「こだま」東京—大阪６時間半、時速86・０キロ。

39（１９６４）年10月１日　東海道新幹線東京—新大阪開業。

「ひかり」４時間、時速１２８・９キロ。

「こだま」５時間、時速１０３・１キロ。

40（１９６５）年11月１日　新幹線スピードアップ。

東京—大阪３時間10分、時速１６２・８キロ。

47（１９７２）年３月15日　山陽新幹線新大阪—岡山開業。

東京─岡山4時間10分、時速162・3キロ。

「メイン記事」と種村が胸を張るのは、「45時間半、日本縦断特急の旅」。種村ならではの「乗り鉄」ルポだ。その前文──。

国鉄最南端の駅、鹿児島県の指宿枕崎線西大山から、最北端の北海道宗谷本線稚内へ約3100キロ。できるだけ速い列車を乗り継いで、45時間半の旅に出た。新幹線を軸とする全国特急ネットワークづくりに取り組む鉄道100年のダイヤと車両、サービスを、旅情にひたりながら体験しようというわけ。「なんとまあ、もの好きな」と冷やかされながら全国をかけめぐった日本縦断レポート。

出発「暑い日ざしにカンナが赤い」、到着「ススけたホームに氷雨降る」の見出し。西大山駅は「日本最南端駅北緯31度11分12秒」と記したポールがあるだけの無人駅。

《西大山駅を管理している山川駅へ寄り、西大山から稚内行きの切符を買ったら7650円。「ありがとうございます」係員が、深々と頭を下げた》

《タクシーで西大山駅に戻り、いよいよ出発。上り終列車は気動車3両編成。降車なし。乗車ひ

とり。錦江湾の灯と指宿温泉のネオンを過ぎるとほとんど闇である》

西鹿児島（現鹿児島中央）で寝台特急「月光２号」。西鹿児島発21時25分、岡山着８時51分。

岡山発10時40分山陽新幹線「ひかり４号」東京着14時50分。

東北本線特急「はつかり３号」上野発16時00分、青森着０時15分。

青函連絡船１便青森発０時35分、函館着４時25分。

函館・室蘭・千歳線特急「おおぞら１号」函館発４時45分、札幌着８時55分。

函館・宗谷・天北線急行「天北」札幌発10時30分、稚内着17時11分。

《「ここまで来た方には、寒々とした感じを味わっていただくのがなによりと思います」という助役の言葉を背に、駅前のカニ屋へかけ込み、黙々とタラバガニをつついたのであった》

証拠写真が２枚。西大山駅と「日本最北端の駅、北緯45度24分44秒」稚内駅。「45時間半の旅」は、緯度にして14度13分32秒北上したことになる。

「指宿枕崎線、宗谷本線いずれも初乗りで、楽しい一人旅だった」と、自著『きしゃ記者汽車――国鉄全線完乗まで』（創隆社１９８４年刊）で述べている。

鉄道記者への道

種村は京都大学法学部を卒業して、１９５９（昭和34）年に毎日新聞大阪本社に入社した。学生時代は「京大学園新聞」主幹。記事を書くのと同時に、広告集めに飛びまわっていた。

初任地は高松支局。２年後大阪本社社会部。吹田通信部から本社社会部勤務となってサツ回り（大阪本社社会部では「街頭班」と呼ぶ）。日曜版連載「日本の鉄道」で能登線の取材が回って来て、「七尾線の津幡―穴水間と宇出津止まりだった能登線に初乗りし、こまめに途中下車したり、バスで狼煙《のろし》まで足を伸ばしたりしながら、初秋の数日を過ごしている。この仕事が僕の初めて書いた鉄道ものになり」と書いている。『日本の鉄道Ⅵ』（有紀書房１９６３年刊）に収録されている。

この頃から「乗りつぶし」の旅が始まった。それを促進したのが、国鉄から出ていた取材用の無料パスだ。「当時の毎日新聞大阪本社社会部の場合、この乗車証（当時１等車が利用でき、急行料金も不要だった）が３枚あり、１枚は主として鉄道記者が持ち、２枚は社会部で管理し、必要に応じて交替に使っていたから、運がいいと、このパスを借りることができた」と綴り、さらに「１９６５（昭和40）年に計34線区１２４０・９キロ乗り、１万３３２６・６キロとなったのは、乗車証の恩恵を受けている」。

この国鉄乗車証、私が大阪社会部に在籍した1971（昭和46）年から1974（昭和49）年まではあった。国鉄関西支社、大阪鉄道管理局、天王寺鉄道管理局の発行の3枚だ。グリーン車に無料で乗れた。在来線は特急列車もフリー、東海道・山陽新幹線は特急料金を払う必要があった。

パス返上は、朝日新聞社が申し出たという。毎日新聞社会部で国鉄ときわクラブにいた先輩記者・古林肇道（89歳）が証言する。古林は小田原城源寺の住職でHPに「如是我聞」を連載している。それをまとめて『如是我聞—昭和人の遺言』（文芸社2013年刊）を出版しているが、その中に「鉄道パスを返上させた男」がある。

朝日新聞社会部記者・伊藤邦男（2012年没、82歳）。伊藤は社会部長、東京本社編集局長、テレビ朝日社長・会長を務めた。

《当時、鉄道担当記者は国鉄全線パスの恩恵を受けていた。全国どこへ行こうとグリーン車に無料で乗れた》

《パスの名義は〝持参人〟となっていたから、出張する記者仲間に貸してお土産をせしめることもしばしばだったから、国鉄担当は社会部記者たちにとって〝美味しい〟職場でもあった》

《この〝薩摩の守〟のお墨付きを手にしていたのは記者の他に国会議員だった。その頃の国鉄経

営は火の車。それなのに年間数十億円に相当する無料パスを発行していたのである》
《伊藤記者は正義感の強い男だった。…そんな彼は「議員にパス返上を迫る以上、まずわれわれが身綺麗にならねば」と率先、パスを返上し、記者クラブ所属の11社に返上を提案、各社とも同調した》
《国会議員もこれを黙視できず、費用を国が負担することで、事実上、国鉄無料パスは廃止された。伊藤記者の正義が国会を動かしたのである》
これが新聞社の国鉄無料パス返上の経緯としているが、伊藤は1963(昭和38)年8月24日、東海道新幹線の営業ダイヤによる試運転に同乗、夕刊に署名入りでルポを書いている。《午前8時に「こだま」が発車した際、「5秒前、4、3、2、1、ゼロ」とカウントダウンがあった。…試運転は成功した》
この一番列車には、十河信二と島秀雄が石田禮助総裁とともに乗っていた。80歳の十河は興奮を隠しきれなかった。
「遠足に行く小学生のような気持だ。とにかく楽しい。世界で一番安全で一番速く一番乗り心地のいい列車というのが世界の権威者の感想だ。青年十河はうれしいばかり」

新聞社の無料パスは、この先10年以上も存続するのだから、「即廃止」にはならなかったことになる。

種村の話を続ける。１９６６年2月、名古屋の中部本社報道部に転勤。愛知県警本部から担当替えで、名古屋鉄道管理局の記者クラブ「名鉄研究会」に配属になった。鉄道記者の始まりだった。

名古屋始発18時35分熊本行き急行「阿蘇」のルポを書く。旧盆帰省の集団就職の女性従業員。朝10時から駅で配布される並び順の整理券を持って、列車に乗る1時間半も前から６００人近くが新幹線高架下の臨時待合室に並ぶ盛況である、と書いている。

１９６７（昭和42）年の元旦紙面では、高山本線渚駅の駅長の大晦日から迎春の仕事ぶりをルポ、社会面のトップに仕立てた。明治生まれの最後の駅長さんが退職する、それに合わせた企画記事で、タブレットを受け渡す写真を載せた。

「ふたつガマ」という鉄道マニアならではの記事もある。中津川6時12分始発塩尻行き下り普通８２３列車。12両の客車の後にも、さかさまを向いたD51形蒸気機関車がつき、先頭の機関車とともにモクモク煙をあげて坂をのぼって行く。次の落合川駅に停車したときは、どちらに進むのか分からない？　ＳＬが引っ張り合っているようにも見える。

その次の坂下駅に転車台がないことから、坂下駅始発の上り列車となる機関車と客車を８２３列車につけ、中津川―坂下間の上り勾配で補機の役目も果たしていたのである。

その実績を引っ提げて１９７０（昭和45）年2月1日付で東京本社社会部に異動となる。

《東京社会部の持ち場は、渋谷地区のサツ回り。初めて東京へ来た記者は社歴とは無関係に、まずサツ回りをするのが東京社会部の伝統とかで、封建的なにおいがしないでもないけれど、早く街に親しめとの主旨と理解しておく。渋谷警察署内の記者クラブへ顔を出してみると、各社ともきわめて若い記者ばかり。いまさら事件にも興味が湧かず、朝10時から夜10時まで12時間警戒という長い拘束時間だったが、渋谷界隈にごろごろしていさえすればよいのだから、もっぱらボウリングとお酒で過ごした》

そう、渋谷警察署、警視庁第3方面本部のサツ回りを種村に引き継いだ前任者が私である。〝種さん〟の5年後輩。その後、私が国鉄ときわクラブを担当し、すでにレイルウェイ・ライターになっていた種さんによく電話をして、原稿を補強する談話をもらった。

種村が国鉄本社担当になったのは、翌１９７１（昭和46）年2月1日。翌２日付朝刊社会面の対抗面（2社面とか、対社面とか呼んだ）のトップ記事を書いた。

昔なつかし「やまのて」線へ
国鉄「正しい呼称」に戻します

これは発表ものだが、間もなく1面トップで特ダネをものにする。

第三の鉄道　リニアモーター列車
世界初の実用実験に成功
時速500キロ出せる
難点の浮上方式解決
（昭和）55年には東京—大阪が1時間で

リニア中央新幹線は2014年10月17日、国土交通省がJR東海に工事実施計画を認可した。実現に向け、やっと本格的にスタートを切ったところだ。2027年東京（品川）—名古屋間を40分で結ぶ。最高時速は500キロ。大阪まで延伸するのは2045年で、東京—大阪67分。工費は名古屋まで5兆5000億円、大阪まで9兆円だ。

見出しだけ見ると、43年も前の記事とは思えない。新しい技術の開発―実用化には時間がかかるものだと実感する。その間、国鉄の経営破綻、分割民営化があり、リニアモーターカーの開発はJR東海に引き継がれた。

第三の鉄道
リニアモーター列車
世界初の実用実験に成功
国鉄
時速500キロ出せる
難点の浮上方式解決
55年には東京―大阪が1時間で

時速500キロのリニアモーター列車を報じる毎日新聞1971（昭和46）年6月3日１面トップ

ルンルン気分で鉄道ネタを書きまくっていた種村に、持ち場異動だ。《ときわクラブへ詰めてから僅か1年4ヵ月、また東京社会部のネコの日人事かと、むかむかした》

持ち場は遊軍。原稿はまだ電話で吹き込んでいた時代。ファックスもなかった。遊軍の重要な仕事のひとつは、出先からの原稿受けだ。カーボン紙を入れたざら紙の雑用紙に3Bか4Bの鉛筆でなぐり書きする。カーボン紙で複写されたもう1枚は、速報用にラジオ・テレビ部に回った。「花の遊軍」なのだが、内勤で部長・デスクの監視下にあることから「懲罰遊軍」という言葉もあった。種村は「ときわクラブは在籍のままで、自由に鉄道の記事を書いてよろしい」といわれたという。それが「鉄道100年」特集につながったのである。

毎日新聞鉄道記者列伝

「鉄道100年」特集で、種村は東京日日新聞・毎日新聞社会部の鉄道記者先輩たちに、思い出話を求めている。

まず青木槐三（1977年没、79歳）。

《青木は大正8年から昭和10年まで、東鉄記者会、鉄道省記者クラブに在籍、昭和5年の超特急「燕」実現のキャンペーンを行った。

「東京―神戸間を9時間で走るなんて危険きわまりないと、東日以外の各紙は全部反対だった。それだけに試運転成功の日の感激は忘れられない。車内で原稿を書いていては、静岡、沼津駅ホームへ投げ落とし、神戸へ着いたときには、夕刊を埋めつくしていた。大正14年の全車両一斉に自動連絡器取替え、大正7年から16年かかった丹那トンネルの難工事も記憶に新しい。清水トンネル取材中に落盤があり、危うく生命を落としかけたこともある。いずれにしても、危険をおかさねば進歩はない。そして鉄道記者は機関車の役目を果たさねばならない」》

次いで林謙一（1980年没、73歳）。

《昭和9年、流線形機関車の登場をスクープした。「流線形という言葉自体が新しくてね。解説を書いても、まだデスクがわからないんだよ。実際に東海道を走り出すと、一世を風靡したものだ。風を切って銀座を歩く女性を〝流線形の女〟といったりした。そうそう、朝日の渡辺紳一郎と一緒になって、忠犬ハチ公の話を書いちゃった。渋谷駅長が〝でっかい犬がいついて、じゃまになる〟とこぼしたのが、発端だったんだけどな、ハハハ」》

この2人の先輩記者は、すでに第2章と第3章で紹介した。以下の先輩記者たちは初めて登場する。

鉄道記者というより航空記者の郡捷（1988年没、83歳）。

《昭和10年前後に活躍。「水陸両用の50人乗りシコルスキーを買って関釜間や青函にエア・フェリーをやるよう国鉄に進言し、軌道に乗りかけたのですが、逓信省の横ヤリでつぶれたのが残念でした。しかし、これをきっかけに偵察機などを3機かかえ、昭和14年、弾丸列車計画が出たとき、測量に使いました。当時の測量が新幹線建設に生きており、ムダではなかったのです」》

戦中から戦後にかけて混乱期の国鉄を見守った杉山為七（2004年没、90歳）。《「大変な時代だった。戦時中は、輸送計画は機密であって、ほとんど書けない。昭和20年5月、東京駅が炎上したころからは、通勤もままならず、いまの国鉄旧館（現東京駅丸の内北口前「オアゾ」）にベッドを持ち込んで、泊まり込みの状態になった。敗戦後、21年の人員整理をめぐる国労の第1回争議では、労使の話し合いが決裂しかけたとき、再交渉の橋渡しをつとめたこともあったね。24年、公共企業体としてスタート直後、下山事件、人民電車事件、三鷹事件と続く暗黒時代になった。二度と繰り返したくない、いやな思い出ばかりだねえ」》

社会部記者たちのたまり場、国鉄本社内の記者クラブ「ときわクラブ」は、戦後1946（昭和21）年10月1日に発足した。戦前からの記者クラブは、その排他性、独占性、ニュース統制の機能などが問題とされた。民主化の波が記者クラブにまで押し寄せた。それを改善するため、戦前からの在京記者クラブはすべて解散、再発足したのである。

「ときわクラブ」の名称も、その時に決まった。再発足のクラブ総会に出席していた杉山は「鉄道院・鉄道省が常盤橋の近くにあったのと、常盤の松、常盤の緑にあやかろうと、全員一致でときわクラブに決まった」と、生前、私の質問に答えた。

戦前は、国鉄無料パスが記者たちに渡されることもあって、「（昭和14年度）鉄道省の如きは9

つの倶楽部が対峙している」(山根眞治郎『新聞記事の取材と表現』1939年刊)状態だった(「交通ペン」20周年記念号、交通ペンクラブ2000年刊)。

1959(昭和34)年の東海道新幹線起工式を取材した村山武次(1994年没、68歳)。《「昭和32年に鉄道技術研究所が、東海道新幹線構想を発表したときは、いまの磁気浮上超高速列車と同じように、夢のようなプランだと思った。それがあれよあれよという間に具体化し、技術より計画が先行したような感じだったね。十河のジイサン(十河信二総裁)の執念で、大事業をなしとげたわけさ」》

三河島事故から東海道新幹線の試運転までの塚田暢利(86歳)。《「戦後の荒廃のひずみが大事故になって現れ、同じ国鉄が東海道新幹線を推進するという大きな曲がり角だった。三河島事故の直後、(運輸局)保安課の事故担当者が〝貨車も国電も特急も雑居してるようじゃ、事故が起きても当たり前だ〟と吐き捨てるようにいったのが耳に残っている」》

国鉄パス返上問題を書き残した小田原城源寺の住職・古林肇道(89歳)。東海道新幹線「ひかり」の京都停車と特急料金を完全スクープした。

《「東海道新幹線開業前の一年間は、世紀の大事業に振り回された。39年10月1日の開業式典では、コックリコックリ居眠りし、新幹線というのは眠いものだと思った」》

上村博美《かみむらひろよし》（２００１年没、76歳）。伝説の特ダネ記者。国鉄の人事をよくスクープした。ネタ元は、磯崎叡（１９１２～９７）と噂された。磯崎は１９３５（昭和10）年鉄道省入省。１９４９（昭和24）年６月、公共企業体「日本国有鉄道」が発足したときの初代人事課長。１９５５（昭和30）年広報部が創設され初代広報部長。その後、石田禮助総裁の副総裁から１９６９（昭和44）年第６代国鉄総裁となった。

上村は社会部の事件記者だった。出獄した阿部定と単独会見して編集主幹賞を受けた。それ以前に、三鷹事件で捜査本部から帰る途中「乗っていたサイドカーが進駐軍の車にはね飛ばされ、約１年間入院した」と書き残している。事故発生は１９４９（昭和24）年８月19日午前０時すぎ。ＧＨＱ（連合国軍総司令部）の車に乗っていたのが、当時国鉄文書課長の磯崎叡だった。

それ以降、２人の関係が続いていたのだろうが、社会部の後輩事件記者は、上村の追悼社報で「巨大組織の取材源が１人で保つはずがない」と、ネタ元がすべて磯崎説を否定している。

国鉄と警察庁の人事交流、国鉄公安本部長のポストは上村のアイデアで生まれた。英断地下鉄（現東京メトロ）東西線竹橋駅設置への働きかけ、竹橋駅のアナウンスに「毎日新聞社前」と入ることになったなどに、上村の力が発揮された。

私は初任地長野支局から水戸支局に転勤したが、水戸支局の２年目に支局長として赴任したのが43歳の上村だった。コンピューター付きブルドーザー田中角栄タイプの支局長だった。

上村は、種さんの質問にこう答えている。

《国鉄赤字の現状について、「東海道新幹線開業のおかげで、財政は狂いだしていた。輸送力増強は必要だったろうが、足もとを固めないで、バラ色の長期計画を繰り広げすぎた。そのうえ石田禮助総裁が、国鉄職員の給与をタバコ巻きと一緒にされてはたまらないと国会で名言? を吐き、人件費アップに輪をかけたのが財政悪化を一層助長することにもなった」と回想するのである》

十河信二嫌いの磯崎寄り発言とも思える。

「鉄道100年」特集に名前があるのは、以上8人だが、種村の「ときわクラブ」前任は1955（昭和30）年入社の大澤栄作（2012年没、80歳）、後任は1960（昭和35）年入社の白根邦男（77歳）。福岡県立修猷館高校から明治大学ボート部。太い腕、厚い胸板。しかし、神経は細やかだった。社会部長、西部本社編集局長・代表からスポーツニッポン新聞社長・会長を務めた。

レイルウェイ・ライター誕生

種村は、1973（昭和48）年1月から東京版で「地下鉄」の連載を始めた。しかし、1月下旬「2月1日から国会を担当するよう」部内異動が発令される。

社会部の国会記者クラブ担当は「上がり」のクラブといわれた。デスク一歩手前のベテラン記者が担当した。決して左遷人事ではない。

しかし、種村は退職を決意する。1月26日朝、社会部長宅へ電話。

「…というわけで、やめさせていただきます」

「あ、そう、はい分かりました。どうぞご自由に」

レイルウェイ・ライターの誕生だった。

Railway Writer種村直樹君に期待する

……国鉄総裁　磯崎叡

国鉄担当の新聞記者としてつきあってきた種村直樹君がRailway Writerという新しい分野を開拓し、フリーで仕事をしてゆくとの決意を聞いた。種村君は、取材力、企画力、バイタリティーの、いずれも抜群で、文章も軽妙だ。批判精神も旺盛で、私も再三いじめられたが、いまは楽しい思い出である。100年の歴史を踏まえ、未来の鉄道をつくりあげてゆくいま、彼の力が、ぜひ必要だと思う。

鉄道と旅を素材に、大いに活躍してもらいたい。皆さまもバックアップしてやってください。

磯崎総裁は、こう挨拶状に書いた。もっとも種村自身の下書きに磯崎が手を入れたものだった。サラリーマンの新聞記者と違って、原稿料を稼がないと一家4人の生活が窮する。書きまくった。すでに『周遊券の旅』『旅のABC』が実業之日本社から、『ミニ周遊券とお寺の旅』が講談社から出版されていた。月刊「鉄道ジャーナル」で連載コラムのほか、単行本も続々。主なものをあげると、『鉄道旅行術』『地下鉄物語』『ブルー・トレイン全ガイド』『鈍行列車の旅』(日本交通公社)、『時刻表の旅』(中央公論社)、『種村直樹特急列車の旅』『気まぐれ列車で出発進行』(実業之日本社)、『終着駅の旅』(講談社)などなど著書多数。

『時刻表の旅』は宮脇俊三(2003年没、76歳)に勧められて、中公新書から出版したものだ。宮脇は、種村の『鉄道旅行術』を気に入り、新刊『時刻表2万キロ』(河出書房新社刊、日本ノンフィクション賞受賞作)を寄贈。さらに種村の仕事場に訪ねた。宮脇は月刊『中央公論』『婦人公論』の編集長を務めた出版人。いいお仲間ができたという連帯の挨拶だったのか。

日本経済新聞記者から明治学院大学教授の「鉄学者」原武史(52歳)は、宮脇俊三、種村直樹、川島令三、嵐山光三郎の4人を鉄道趣味界の「四天王」と呼ぶ。「ふんわりとした感性で車窓風景を描き出す宮脇、ひたすら細かいデータをあげながら、マニアが喜びそうな情報を提供する種村」と紹介している（『鉄道ひとつばなし2』講談社2007年刊）。

1979（昭和54）年8月30日、国鉄盛線盛駅（岩手県大船渡市、盛線は現三陸鉄道南リアス線）。吉浜発13時26分526D列車が盛駅に到着すると、次のアナウンスがあった。

《只今お降りの種村直樹先生に申し上げます。盛駅で国鉄全線2万1000キロ完乗され、本当におめでとうございます。祝電がはいっておりますので、お伝えいたします。「国鉄完乗おめでとうございます」。盛岡鉄道管理局長より記念品をお渡ししたいと思いますので、駅長室へおいでください》

種村の親衛隊である鉄道ファンの大学生たちや報道陣も駆けつけて結構なにぎわい。一橋大学を卒業して三菱地所に入社していた辻聡（交通新聞社新書『東京駅の履歴書』の著者、（株）サンシャインシティ専務取締役）もそこにいた。表彰状が読み上げられ、「バンザイ、バンザイ」の祝福。声を詰まらせてお礼を述べる種村――。

翌日の読売新聞は社会面「いずみ」欄で《盛駅で盛大な出迎えを受けた種村直樹さん（43）は

「本来は〝遊び〟なのに、こんなに騒がれてしまって……」と恐縮しながら「これからも国鉄に乗り、みんなにも乗ってもらって国鉄を赤字の苦境から脱出させたい」と国鉄サンが泣いて喜ぶようなファンの弁》と報じた。

京大の学生時代から25年間の汽車旅の集積。乗車キロは2万０９０２・４キロ（ほかに新幹線１１７６・５キロ、航路２０２・８キロ。廃止された鉄道79・５キロと航路０・８キロを含む）と記録している。

種村は手回しよく、8月30日付盛駅の硬券入場券３００枚を「あなたの記念きっぷ」として発注していた。裏に「ますます盛んな汽車旅と著作を続けてゆきます。１９７９年盛夏　種村直樹」。

鉄道大博覧会

「鉄道１００年」の10年前、つまり鉄道開業90年、毎日新聞創刊90年の１９６２（昭和37）年、東京・晴海埠頭で「伸びゆく鉄道科学大博覧会」が開かれた。２０２０年東京オリンピックの選手村がつくられるところに、旧新橋駅を復元して会場の入口とし、鷹取工場で動態保存されていた「義経号」をはじめ、国鉄のホンモノの車両31両、松山市の軽便鉄道の「坊ちゃん列車」や、東海道新幹線の０系先頭車の模型を展示した。「国鉄の生きた歴史を自分の目で確かめることがで

大混雑の鉄道90年記念の「伸びゆく鉄道科学大博覧会」会場（毎日新聞社提供）

きる」「時速200キロ、夢の超特急が見られる」と大変な人気を呼んだ。

国鉄がどれだけ力を入れた博覧会だったか。31両は、入口を入ってすぐのところから2列に並び、内側は義経号（北海道で最初に走った蒸気機関車。1880（明治13）年アメリカから輸入）＋C51（蒸気機関車）＋オハ31（客車）＋D51（蒸気機関車）＋C62（蒸気機関車）＋ナハフ（夕張線で使われた客車）＋ナシ（食堂車）＋ナロネ（2等寝台車）＋カニ（発電装置のある荷物車）＋EF55（電気機関車）＋マイテ（展望車）の計11両。

外側の列は、ED72（交流電気機関車）を先頭に、EF60（直流電気機関車）＋サロ（湘南電車のグリーン車）＋クハ401＋モハ401＋モハ400＋クハ401と客車が続き、DF50（ディーゼル機関車）＋赤字ローカル線対策として製作した道路兼用バス（デュアル・モード・ビークル車は半世紀前に実験的につくられていたのだ）＋DD13（入換え作業用機関車）＋キハ58（急行形気動車）＋キロ28（気動車のグリーン車）＋クモヤ（架線試験車）＋セキ3000（石炭車）＋レム（貨車）＋ハワム80000（貨車）＋チキ5500（貨車）＋キ100（ラッセル式除雪車）＋キ900（マックレー除雪車）＋キ600（ロータリー式除雪車）の計20両だ。

これが一堂に集められたのだからスゴイと思わないだろうか。

6月15日から7月10日まで会期26日間の入場者は60万3079人にのぼった。皇太子ご夫妻（現在の天皇・皇后両陛下）も見学された。

社会面には「鉄道博・駅長日記」が連載された。当時国鉄担当だった社会部浦野勝三（2012年没、83歳）が担当したと思われるが、思い出を聞くことができない。代わりに紙面に掲載された豆記者のリポートをお届けしたい。

東京学芸大学付属世田谷中学3年藤瀬徹君（14歳）。《会場に入ってみてびっくりした。〝義経号〟をはじめ本物の車両が架設レールの上にずらり並んでいるのだ。全部で31両とか。日本の鉄道輸送をになってきた車をこんなにたくさん見学できるのだから楽しい。

〝坊ちゃん列車〟が僕は一番気に入った。カマが緑色、足まわりが赤、機関室の内部が黄色だ。

客車は胴の側面が緑、窓の下に赤い帯、出入口と内部は黄色だ。しかし、機関車も客車もハゲチョロだ。あちこちがサビていたり、ハゲているので、古い感じがそのまま現れている。ピカピカに磨かれた〝義経号〟と対照的だ。

不経済だといわれる蒸気機関車でもやはりどこかに残しておいてほしいと思った》

同校3年上井智子さん（15歳）。《一番興味を持ったのは夢の超特急でした。最高時速２００キロ、平均時速１７０キロ、東京―大阪間５００キロを3時間で走るのだから（当時最速の特急）〝こだま〟の2倍以上の速さです。修学旅行の帰り、京都―東京間を14時間もかかったのだから大変な差だ。〝こだま〟をもっと流線型にした高性能で、実物大の模型だが、いまにも走り出しそう。

車体は白系統のアイボリーと青系統のニュートランクラインブルー。ツートンカラーでとてもすっきりした感じです。科学の粋を集めて、内部は振動も騒音もないようにしてあるという。座席は5人がけで、空気バネの台車とロングレールだから乗り心地は満点だろう。

急ブレーキをかけても3千メートルぐらい行かないと止まれないということだから、ちょっと事故が心配になったが、踏切はないし、線路はほとんど直線だからそんな心配は全然ないそうだ。

国鉄90周年を記念し新しい鉄道の夜明けを象徴するために作られるそうですが、本当にすばらしいと思った。

何年後かには修学旅行も〝夢の超特急〟になるでしょう。そうなったらどんなに楽しいだろう。新しいもの、古いもの、楽しいもの、珍しいものが広い会場にいっぱいあったのが、とても勉強になった》

記者クラブ批判

「ときわクラブ」の癒着体質が社会問題化したことがあった。クラブの旅行で、車両を増結して「大名旅行」をしたというのだ。クラブ員の内部告発もあり、週刊誌沙汰になった。
《この秋、東鉄記者会(東京鉄道管理局の記者クラブ。その後、国鉄本社「ときわクラブ」に吸収された)は岐阜へ行った。岐阜で鵜飼を見学、翌日は日本ラインを下って瀬戸と名古屋を見物、そして夜行で翌朝帰京した。つまり2泊3日ということになる。往きは特急「はと」に特別二等車を増結、帰りは急行に二等寝台車を増結した。

車両増結というのはこんどに限らない。この前北陸へ行ったときも二等寝台を増結した。国鉄本社の記者クラブである〝ときわクラブ〟は、9月末、交流電化になった北陸線の見学に行ったが、このときも往復とも二等寝台車を増結した。——増結しても操作が部内ででき、つまりタダであること、また記者団などがドヤドヤと多数乗って、他の一般客の分の席を占拠しないですむ

ことなどがその理由である》

これは、共同通信の記者新井直之（1999年没、69歳）が、1957（昭和32）年11月発行の自社の労働組合機関紙に書いた「記者クラブはこれでいいのか」である。

新井は、この大名旅行に疑問を持って参加しなかった。しかし、この内部告発がクラブで問題となり、結局《当の〝偏屈記者〟はクラブで陳謝し、間もなく配置転換が行われた。「東鉄記者会」の全面勝利である》（稲場豊實著『記者クラブを斬る』日新報道1978年刊）。

新井は、のちに創価大学、東京女子大学の教授。『新聞ジャーナリズム　戦後のあゆみ』（図書新聞社1966年刊）など、マスコミ、ジャーナリズム関連の著作多数。

私が「ときわクラブ」担当をしている時にあったのは、山口線で運転を始めたC57蒸気機関車による「SLやまぐち号」（1979年8月）と、リニアモーターカーの宮崎実験線でML500が無人走行で世界最高の時速504キロを記録した時（同年12月12日）。すでに無料パス（通称青パス）はなく、いずれも会社から出張旅費をもらって、国鉄広報部の担当者に支払った。現地から原稿も送っているから、胸を張っていえる出張取材であった。

国鉄最後の日

最後に「鉄道記者」の私。1964(昭和39)年に毎日新聞社に入社して、初任地の長野支局で長野鉄道管理局(局長は福田英雄→小泉卓郎)、転勤した水戸支局で水戸鉄道管理局(局長は、十河信二元総裁の四男和平→北岡寛太郎)を担当した。

大阪本社社会部に異動になって、サツ回りをしていた私は、山陽新幹線岡山開業の一番列車に乗ってルポを書いた。1972(昭和47)年3月15日だった。

山陽新幹線　待望の発車

紙吹雪受け初列車

夕刊1面に上りと下りの0系車両がすれ違う瞬間の、団子鼻を寄せ合った写真が載った。3面にグラフ、社会面は見開きで「山陽路を矢のように」「さあ、一番乗りマニア殺到」と展開している。

社会面のトップ原稿。《午前6時3分、新大阪発下り初発列車「こだま281号」。乗客は普通車268人、グリーン車59人。ガラガラの車内。先頭の1号車に乗客が殺到、そのほとんどが鉄道ファン。カメラ、時刻表、テープレコーダー…。列車の内外にカメラをパチパチ。1号車を示す「1」の字を収める人も。テープレコーダーは新幹線の音取り用。話しかけたとたん「完全録音ですから雑音がはいると困るんです」。車内で国鉄から開業記念の絵ハガキが配られると車掌さんにハガキを差し出してサインをねだる》

鉄道マニアに乗っ取られた先頭車両の模様を事細かにリポートしているが、このあとに一番乗りを2人紹介している。東大1年の奥淳一君（19歳）と愛知教育大1年増田久美子さん（19歳）。奥君は富山から夜行の急行「立山4号」で4時57分に新大阪駅に着いた「乗り鉄」だ。増田さんは改札口に並んだ一番乗り。前夜、名古屋から「こだま」で着いて、新大阪駅の待合室で徹夜した。あれから42年。2人とも還暦を超えたはずである。山陽新幹線一番乗りのこだわりは、その後の人生にどう活かされたのだろうか。

そういえば種村の長女ひかり（4歳）、次女こだま（生後3ヵ月余）の姉妹が開業祝賀パーティーに招かれていた。種村は国鉄本社の記者クラブで原稿書き、由子夫人が姉妹を抱えて大阪入りした。「ひかり」と「こだま」。この姉妹も40歳を超えた。

◇

国鉄ときわクラブを担当したのは、55・10（ゴーゴートー）をはさんで2年弱。まだ分割民営化が表面化していない時代だった。大平正芳首相が北海道で「国鉄も電力並に分割民営化する必要がある」と発言。社会部デスクから関連取材の注文があった。「全国を1本でつないでいるレールをどうやって分断するんですか。現実的ではありません」。それまでだった。

どうして国鉄担当になったのか不思議だった。本来なら東京都庁担当になっているはずだった。というのは、1979（昭和54）年6月の都知事選挙で初当選した鈴木俊一候補者の担当記者をしていたからだ。当選した知事とともに都庁詰めになる、というのが慣例だった。前任の1年先輩澁澤重和（元昭和女子大教授）が推薦した、とあとで聞いた。

澁澤は毎日新聞社会部のロッキード事件取材班の元締めを務めた。紙面企画、逮捕予定者の予定稿づくりから、取材経費の精算まで一切を仕切っていた。「ロッキードの毎日」と評判をとり、『毎日新聞ロッキード取材全行動』（講談社1977年刊）を出版するアイデアも澁澤だった。米ウォーターゲート事件の『大統領の陰謀』（立風書房1974年刊）にならった。アンカーは遊軍の書き手瀬下恵介（62年入社、マスコミ塾「ペンの森」主宰、元「ニューズウィーク」日本版編集長）だった。

1976（昭和51）年2月、米上院チャーチ委員会でロッキード事件が発覚。社会部長に論説委員だった牧内節男（元スポーツニッポン社長・会長）が起用された。当時50歳。陸士59期、「独断と偏見」で過激なことをいいながら、部員を引っ張っていった。

澁澤と牧内は同じ信州人。といっても澁澤は東信、牧内は南信。気質は違うが、好みは似ていた。酒は飲めないが、両切りのピースを吸い、打ち合わせはコーヒーとケーキだった。社会部最大の思い出は、この取材班で仕事ができたことである。

55・10は、大縮減ダイヤ改正だった。夕刊1面に続きものを書いた。「利用者が減ってだぶだぶになった服を体形に合わせる」と、国鉄当局は縮減ダイヤ改正を説明した。収入を上げるために運賃値上げを毎年繰り返していて、利用者減―運賃値上げ―利用者減の縮小スパイラルに陥っていることは明らかだった。

年間の赤字が1兆円を超えたのも1980（昭和55）年度である。

国鉄最後の日は、1987（昭和62）年3月31日だった。国鉄職員のトップである総裁室長井手正敬（当時51歳）は、一日制服で過ごした。4月1日からJR西日本副社長に就任する。「国鉄の最後を見届けて、明日始発の新幹線で赴任します」と、野次馬で訪れた私に答えた。

毎日新聞朝刊の「記者の目」は、最後の国鉄記者勝屋憲二（70年入社）が書いた。

《国鉄はきょう限りで115年の歴史の幕を閉じる。私が国鉄本社担当になったのは、国鉄再建監理委が分割・民営化の答申を出した直後の一昨年（1985年）8月。以来1年8カ月、この巨大組織が大変革への生みの苦しみに、うめき、のたうち回る様を間近に見続けてきた。……一

日も早く国民に愛される鉄道が復興することを、最後の国鉄記者として願わずにはいられない》

1日午前零時、汐留駅で「JR誕生」を告げる汽笛が吹鳴され、くす玉が割られた。井手はこの様子をテレビで見ていて、ポロリと涙をこぼした、と「ときわクラブ」の先輩で産経新聞編集委員の松浦和英が記している（交通ペンクラブ「交通ペン」10周年記念特集1990年刊）。

よろしく JR 出発進行
誕生 01日
別れと門出 2つの汽笛 鳴り渡る

国鉄分割・民営化を伝える毎日新聞1987（昭和62）年4月1日付け社会面

翌4月1日午前6時、東京駅発「ひかり21号」。井手は、前日まで国鉄文書課長だった本田勇一郎（47歳）JR西日本取締役就任とともに乗車した。名古屋で途中下車する葛西敬之（46歳）JR東海取締役就任も一緒だった。改革3人組のもうひとり、JR東日本常務取締役となった松田昌士（51歳）は、上野駅で東北新幹線「やまびこ31号」の出発式に臨んだ。

旅立つレイルウェイ・ライター

種村の通夜・告別式は、2014（平成26）年11月11、12日、JR上野駅入谷口前にある岩倉高校から歩いて数分のセレモニーホールで執り行われた。

種村は2000年11月クモ膜下出血を発症。それは首尾よく乗り越えて、「日本列島外周の旅」は2009年6月にゴールを迎えた。しかし、その年の暮れ脳出血で倒れ、さらに翌2010年12月再度脳出血を発症、そこから長いリハビリ生活に入った。胃や食道などから癌が見つかり、2014年11月6日に転移性癌で亡くなった。78歳だった。

宏鐵院旅遠直鑑居士

祭壇に飾られた写真は、「汽車旅」を楽しむ笑顔のスナップ。脇に手書きの原稿や筆記用具も置かれていた。国鉄完乗（1979年）や日本列島外周の旅（2009年）などの写真や著作も並べてあったが、私が一番懐かしかったのはレイルウェイ・ライターの名刺だ。東海道新幹線0系をイメージして青色で右側が丸く切り取られている。

「汽車旅」を楽しむ種村の遺影。レイルウェイ・ライターの名刺拡大版も飾られた（2014年11月12日東京下谷のスペースアデューで）

喪主は由子夫人。脇に長女伏見ひかり、次女良知こだま。それにこだまの長男創太（12歳、中学1年）と長女のぞみ（9歳、小学4年）。「ひかり」「こだま」「のぞみ」が揃った。

78歳の葬式にしては、若者の姿が目立った。種村と一緒に旅を楽しんだレイルウェイ・ライター友の会の会員たちなのであろう。鉄道写真家の南正時、荒川好夫や鉄道アナリスト川島令三、出版社の社長や会長ら弔問客は2日で400人以上にのぼったという。

告別式では弔電が披露されたが、そのトップはJR東海相談役（初代社長）須田寛だった。須田は種村がレイルウェイ・ライターとして独立したとき、国鉄本社旅客局営業課長。須田自身も鉄道ファンで、2007年から鉄道友の会会長である。

弔電の最後に、種村と京都大学受験以来（ともに一浪）の仲間で、京大学園新聞（週刊）を一緒につくった元大阪朝日放送記者の環白穏《たまきはくおん》（78歳）。種村直樹レイルウェイ・ライター友の会の事務局長である。体調不良で出席できずに、司会者に代読を頼んだ。

環は、種村が毎日新聞名古屋本社発行の「行楽」欄に連載したコラム「周遊券メモ」は、利用者側から初めて書かれたと評価（『周遊券の旅―旅の知識とキップの百科』実業之日本社1968年刊）。種村に届く読者カードから「友の会」づくりを思いついた。1974（昭和49）年春だった。会報を年4回発行し、見学会や1泊旅行を実施。志賀高原で「高原列車は行く」を歌ったことから、最後に「高原列車を行く」で送ってください、と提案した。

弔辞は、株式会社サンシャインシティ代表取締役専務の辻聡（60歳）が読んだ。「種村直樹の一番弟子と呼ばれたことを生涯の誇りに思います」と師を偲んだが、種村が独立するときに「レイルウェイ・ライターをよろしく」と推薦文を書いたのが第6代国鉄総裁磯崎叡だ。磯崎は国鉄総裁退任後、サンシャインシティの前身新都市開発センター社長だったから、辻は「出藍の誉れ」でないだろうか。

辻は、一橋大学3年生のときに「先生」と出会ったという。ハタチだった。《新幹線博多開業を記念した毎日グラフの別冊でルポの一部を任され、以後、事務所に出入りして資料の整理や取材のお手伝いをするアルバイターの第1号だった》

以来40年。弔辞の中で、こんなエピソードを披露した。仲人を引き受けた結婚披露宴で《式場手配の司会者がなんと「植村《うえむら》直樹さまご夫妻」と紹介した。奥さまは起立されましたが、先生はじっとして腰を上げない。間違いに気づいた司会者が「種村」と訂正して事なきを得ましたが、あとで先生はこう言ったんです。「素人の司会者ならともかく、プロが媒酌人の名前を間違えるとは何事か」と。そこに先生のプロ魂を見たような気がしました》。そして辻はこう続けた。《でも、世間ではこれを頑固と表現する場合もありますね。それに泣かされた編集者も大勢いたのかもしれません》

《先生からは、親からも教わらなかったような実に多くのことを学ばせてもらいました。社会人としての基礎的な素養は、みんな種村学校で会得したといっても過言ではなく、それに賛同してくれる元若者たちも決して少なくないと信じます》

出棺を前に、参会者200人が全員で「高原列車は行く」（丘灯至夫作詞、古関裕而作曲）を3番まで合唱した。

〽山越え　谷越え　はるばると

ラララ　ララ　ラララララ
高原列車は　ラララララ　行くよ

辻はこう漏らした。「柳井さんと山岡さんに呼ばれましたね」

柳井乃武夫は、1ヵ月ちょっと前、2014年9月28日に亡くなった。91歳だった。

山岡通太郎は、半年前の2014年5月6日に死去した。82歳だった。

種村が国鉄本社記者クラブ「ときわクラブ」を担当しているときの広報部長と次長。柳井はその後、旅客局長となり、独立した種村に「旅客局嘱託」の辞令を手渡している。国鉄総裁磯崎叡の名前が入った辞令である。

「レイルウェイ・ライター30周年」（2003年11月30日）の記念写真は、私が撮影した。種村の左は須田寛（83歳）、右は柳井と山岡だ。この集いの司会者は辻だった。

柳井はその後日本交通協会会長、山岡は日本ナショナルトラスト理事長をつとめた。

（敬称略）

レイルウェイ・ライター30周年の夕べで。左から須田寛、種村、柳井乃武夫、山岡通太郎（2003年11月30日渋谷エクセルホテル東急にて）

あとがき

「まことに小さな国が、開化期をむかえようとしている」

司馬遼太郎著『坂の上の雲』の書き出しだが、鉄道も、新聞も、その例にもれない。

新聞社に社会部が生まれたのは、1901（明治34）年。毎日新聞の前身「大阪毎日新聞」（大毎）が魁だった。20世紀最初の年。その年、鉄道を初めて日本に紹介し、慶応義塾・時事新報を創設した福沢諭吉が亡くなった（66歳）。大隈重信が創立した東京専門学校に野球部が生まれ、翌年早稲田大学と校名を変える。日露戦争（明治37年）の直前である。

鉄道が5000マイル（8000キロ）に達したのが1906（明治39）年。大毎はその前年の鉄道マイル数競争（10日間にどれだけ乗れるか）に続き、5000マイルを何日で乗れるか、前回と同じ2人の社会部記者に競わせた。梅田駅（現大阪駅）から西回りが奥村信太郎（不染、1875〜1951第6代社会部長、のち社長）、東回りが松内則信（冷洋、1876〜1953「東京日日新聞」初代社会部長）。2人とも日露戦争に従軍した書き手である。その模様を連日紙面に載せ、どちらが先に何日で完乗するか懸賞投票も行った。

紙面に活気があった。人間臭さがあった。バーバリズムを想起する。

結局、西方奥村が36日5時間25分で難波駅に帰着。東方松内は、遅れること7時間余、36日12時間56分で梅田駅にゴールした。

「大毎」は1面の真中に、出迎えの写真を大きく扱った。高さが10メートルもあると思われる幟や社旗が林立し、奥村、松内ともに歓迎の人波に埋まっている。

一方、鉄道記者の草分け「鉄道時報」の木下立安（1866～1953）は、紙上で完乗の最速時間表を募集した。一等当選の山本新次郎（鉄道作業局汽車課）は872時間59分。36日8時間59分だから、大毎記者が実際に駆け回ったのと、図上計算の結果はほぼ一致している。

鉄道国有化法案が発布された年である。ちなみに「鉄道時報」が色分けした鉄道国有化に対する操觚界の賛否。国有化賛成は国民新聞、中央新聞、読売新聞、人民新聞、中外商業、大阪新報、やまと新聞、電報新聞の8紙。反対は時事新報、東京朝日、日本新聞、東京日日、毎日新聞、報知新聞、萬朝報、二六新報、大阪毎日、大阪朝日、横浜貿易の11紙。

「大毎」は、鉄道の隆盛を果敢に紙面企画に取り込んだ。社長は本山彦一（1853～1932、社長在任1903～32）。スゴ腕の新聞人である。木鐸新聞を排し、迅速な事実報道、事件網羅主義を貫いた。「新聞は商品なり」と、新聞社の経営の独立をうたった。本山は山陽鉄道、南海鉄道などいくつもの私鉄の取締役を務めていた。趣味は旅行。地方に出掛けては、支局・通信部記者に声をかけ、地元の新聞販売店を訪ねた。

今、三大紙は朝日、毎日、読売といわれる。関東大震災前、東京の三大紙は、国民新聞、報知新聞、時事新報だった。震災をきっかけに大阪資本の朝日、毎日が勢力を伸ばしたのだ。時事新報は、その後「大毎」資本の東京日日新聞に吸収される。

本山は、福沢諭吉（１８３５〜１９０１）門下生である。慶応義塾・時事新報で直接教えを受けた。「大毎」は第3代社長原敬（社長在任１８９８〜１９００）を除いて、初代渡辺治（同１８９０〜１８９３）、2代高木喜一郎（同１８９３〜１８９８）、4代小松原英太郎（同１９０１〜１９０３）、5代本山のあとが鉄道5千マイル競争の第6代奥村信太郎（同１９３６〜１９４５）、7代高石真五郎（同１９４５年9月〜11月）と慶応義塾出身の社長が続いた。

山陽鉄道社長の中上川彦次郎（１８５４〜１９０１）は時事新報初代社長だが、北海道炭鑛鉄道の専務井上角五郎（１８６０〜１９３８）など福沢門下生の多くは、時事新報から実業界へ飛躍している。さらに報知新聞社長箕浦勝人（１８５４〜１９２９）、徳富蘇峰の国民新聞を支えた段隆介（１８６４〜１９２１）、萬朝報社長黒岩周六（涙香、１８６２〜１９２０）、大阪朝日から東京朝日新聞主筆池辺吉太郎（三山、１８６４〜１９１２）、日本新聞社長伊藤欽亮（１８５７

〜1928)…。「福沢山脈」の懐の深さに改めて驚かされる。

木下立安も、慶応義塾をトップで卒業して、時事新報に迎えられた。北海道炭鑛鉄道、紀和鉄道にも勤務経験があり、「鉄道時報」創刊にはうってつけの人材だった。

◇

2014年10月、東海道新幹線が開業50年を迎えた。筆者と鉄道との縁は、世界最速時速210キロの東海道新幹線の試乗だった。初任地の長野支局でサツ回りと同時に長野鉄道管理局担当になったお蔭だった。大阪本社社会部のサツ回りの時、山陽新幹線岡山開業の一番列車に乗って、夕刊にルポを書いた。国鉄本社の「ときわクラブ」にも2年ほど在籍した。日本の鉄道創業と毎日新聞の前身「東京日日新聞」創刊が同じ1872(明治5)年の同い年だったことも、鉄道に関心を深めるきっかけとなった。

「先輩記者にもっと敬意を払いなさい」

鉄道が華やかだった時代の記者たちが、どんな記事を書いていたか、勉強しなさい、という忠告である。青木槐三はすでに亡くなっていたが、娘さん夫妻を訪ねたこともあった。本書にある青木の写真は、そのとき複写したものである。

いつか「鉄道記者」の話を書いてみたいと思っていた。今回それが実現したのは、交通新聞社

「散歩の達人」武田憲人編集長が「いけるんじゃないすか！」と背中を押してくれたことによる。交通新聞社新書は『国鉄スワローズ１９５０―１９６４』（２０１０年刊）についで2冊目となった。

株式会社時事新報は現在も存続していることは本文で触れた。その監査役をつとめる鈴木隆敏さんは、産経新聞社会部で「ときわクラブ」の先輩。慶応義塾大学ＯＢで慶應義塾福澤研究センターともつながりがあり、何かとご協力いただきました。また毎日新聞社会部の先輩天野勝文さん、日本交通協会図書室の前田美千代さんら多くの方々にお世話になりました。お礼を申し上げます。

２０１４年12月　堤　哲

参考資料

『鉄道時報』復刻版（八朔社1997）
『時事新報』 復刻版（日本新聞資料協会1961）
『日本新聞年鑑』昭和9年版（新聞研究所1934）
『新聞研究五十年』小野秀雄著（毎日新聞社1971）
『鉄道先人録』日本交通協会鉄道先人録編集部（日本停車場（株）出版部1972)
『鉄道史人物事典』鉄道史学会編（日本経済評論社2013）
『人物国鉄百年』青木槐三著（中央宣興出版局1969)
『日本国有鉄道百年史』日本国有鉄道（日本国有鉄道1974）
『百年史』日本交通協会（日本交通協会1999)
『理工図書100年の歩み』柴山和夫（代表）著（理工図書1999）
『日本鉄道史』 上・中・下編（鉄道省1921）
『鉄道―明治創業回顧談』沢和哉著（築地書館1981）
『日本鉄道業の形成』中村尚史著（日本経済評論社1998）
『日本鉄道史　幕末・明治篇』老川慶喜著（中央公論新社2004）
『鉄道事始め　井上勝伝』上田廣著（1993）
『井上勝』老川慶喜著（ミネルヴァ書房2013）
『西比利亜鉄道旅行案内』（万国寝台急行列車会社 1911）
『拾年紀念日本の鉄道論』（鉄道時報局1909）
『慶應義塾出身名流列傳』三田商業研究会編（実業之世界社1909)
『福沢諭吉事典』福沢諭吉事典編集委員会編（慶應義塾2010)
『福沢諭吉門下』丸山信 編（日外アソシエーツ1995）
『福沢山脈』小島直記 著（河出書房1967）
『福沢先生を語る：諸名士の直話』高橋義雄著（岩波書店1934）
『新聞人福澤諭吉に学ぶ』鈴木隆敏編著（産経新聞出版2009）
『新聞人群像―操觚者たちの闘い』嶺隆著（中央公論新社2007）
『帝国劇場開幕』嶺隆著（中央公論社1996）
『時刻表百年史』松尾定行、 三宅俊彦著（新潮社1986）
『青年小泉信三の日記』小泉信三著（慶應義塾大学出版会 2001）

『「毎日」の３世紀』毎日新聞社編（毎日新聞社2002）
『毎日新聞百年史』毎日新聞社編（毎日新聞社1972）
『朝日新聞社史』朝日新聞百年史編修委員会編（朝日新聞社1995）
『読売新聞百二十年史』読売新聞社（読売新聞社1994）
『稿本本山彦一翁伝』大阪毎日新聞社編（大阪毎日新聞社1929)
『大衆新聞と国民国家』奥武則著（平凡社2000年）
『国鉄』青木槐三著（新潮社ポケット・ライブラリ1964）
『栄光の超特急〈つばめ〉物語』増田浩三編著(ＪＴＢ2004）
『國鉄を育てた人々』青木槐三著（交通協力会1950）
『鉄道黎明の人々』青木槐三著（交通協力会1951）
『国鉄繁昌記』青木槐三著（交通協力会1952）
『鉄路絢爛』青木槐三著（交通協力会1953）
『十河信二』有賀宗吉著（十河信二傳刊行会1988）
『不屈の春雷　十河信二とその時代』牧久著（ウェッジ2013）
『新幹線をつくった男：島秀雄物語』高橋団吉著（小学館2000）
『春雷　特急新幹線をつくった男・十河信二物語』高橋団吉著（小学館2004）
『島秀雄の世界旅行1936ー1937』高橋団吉著（ 技術評論社2009）
『伊那谷木曽谷』細井吉造著（故細井吉造遺稿集刊行会1937）
『ぶんさん行状記』渡辺紳一郎著（ 四季社1955）
『２Ｂの鉛筆』林謙一著（文藝春秋1984）
『日曜カメラマン』林謙一 著（池田書店1962）
『おはなはん』林謙一 著（文芸春秋1966）
『野尻湖：報道写真集』林謙一 著（フオトタイムス社 1940）
『物語特ダネ百年史』高田秀二著（ 実業之日本社1968）
『渋谷駅１００年史』渋谷駅（日本国有鉄道渋谷駅 1985）
『お待ちになって、元帥閣下』笹本恒子著（毎日新聞社2012）
『恒子の昭和』笹本恒子著（小学館2012）
『新幹線事故』柳田邦男著（中公新書1977）
『我、拗ね者として生涯を閉ず』本田靖春著（講談社2005）
『国鉄物語』門田勲著（朝日新聞社1964）

『外国拝見』門田勲 著（朝日新聞社1953）
『新聞記者―エンピツの嘆きと喜びと―』門田勲著（同文館1956）
『新聞記者』門田勲著（筑摩書房1963）
『古い手帖』門田勲著（朝日新聞社1974）
『斜眼正眼』斎藤信也著（講談社 1978）
『記者風伝』河谷史夫著（朝日新聞出版2009）
『新聞記者一代』高木健夫著（講談社1962）
『朝日文化人』酒井寅吉著（光文社カッパブックス1967）
『大毎社会部70年史』毎日新聞大阪本社社会部編（毎日新聞大阪本社社会部1971）
『記者たちの森―大毎社会部100年史』（毎日新聞大阪本社2002）
『毎日新聞の源流』今吉賢一郎（毎日新聞社1988）
『如是我聞―昭和人の遺言』古林肇道著（文芸社2013）
『きしゃ記者汽車』種村直樹著（創隆社1984）
『時刻表の旅』種村直樹著（中公新書1979）
『時刻表2万キロ』宮脇俊三 著 （河出書房新社1978）
『鉄道ひとつばなし２』原武史著（講談社2007）
『記者クラブを斬る』稲場豊實著（日新報道1978）
会報「交通ペン」1982年１月創刊号～2012年12月第108号（交通ペンクラブ）
『交通ペン10周年記念特集』（交通ペンクラブ1990）
『交通ペン20周年記念号』（交通ペンクラブ2000）
『交通ペン25周年記念号』（交通ペンクラブ2006）
『交通ペン30周年記念号』（交通ペンクラブ2011）
『明治・大正・昭和世相史』加藤秀俊（代表）著（社会思想社1973）
『近代日本総合年表』第３版（岩波書店1994）

堤　　哲（つつみさとし）
東京生まれ。1964年早稲田大学政経学部卒、毎日新聞社入社。初任地長野支局で国鉄長野鉄道管理局を担当したのが鉄道記者の始まり。社会部記者として国鉄本社を担当した。東海道新幹線開業前に世界最速時速210kmを試乗、リニアモーターカーの時速504kmを宮崎実験線で現場取材した(1979年)。編集委員、紙面審査委員長などを歴任。現在鉄道記者らの「交通ペンクラブ」事務局長。公益財団法人「アジア刑政財団」、同「日本ナショナルトラスト」各評議員。

交通新聞社新書074
伝説の鉄道記者たち
鉄道に物語を与えた人々
（定価はカバーに表示してあります）

2014年12月15日　第1刷発行

著　者——堤　　哲
発行人——江頭　誠
発行所——株式会社　交通新聞社
http://www.kotsu.co.jp/
〒101-0062　東京都千代田区神田駿河台2-3-11
NBF御茶ノ水ビル
電話　東京（03）6831-6560（編集部）
東京（03）6831-6622（販売部）

印刷・製本—大日本印刷株式会社

ISBN978-4-330-52514-3

読む・知る・楽しむ鉄道の世界。

高架鉄道と東京駅［上］――レッドカーペットと中央停車場の源流　小野田滋
高架鉄道と東京駅［下］――レッドカーペットと中央停車場の誕生　小野田滋
台湾に残る日本鉄道遺産――今も息づく日本統治時代の遺構　片倉佳史
観光通訳ガイドの訪日ツアー見聞録――ドイツ人ご一行さまのディスカバー・ジャパン　亀井尚文
思い出の省線電車――戦前から戦後の「省電」「国電」　沢柳健一
終着駅はこうなっている――レールの果てにある、全70駅の「いま」を追う　谷崎竜
命のビザ、遙かなる旅路――杉原千畝を陰で支えた日本人たち　北出明
蒸気機関車の動態保存――地方私鉄の救世主になりうるか　青田孝
鉄道ミステリ各駅停車――乗り鉄80年 書き鉄40年をふりかえる　辻真先
グリーン車の不思議――特別列車「ロザ」の雑学　佐藤正樹
東京駅の履歴書――赤煉瓦に刻まれた一世紀　辻聡
鉄道が変えた社寺参詣――初詣は鉄道とともに生まれ育った　平山昇
ジャンボと飛んだ空の半世紀――〃世界一〃の機長が語るもうひとつの航空史　杉江弘
15歳の機関助士――戦火をくぐり抜けた汽車と少年　川端新二
鉄道落語――東西の噺家4人によるニューウェーブ宣言　古今亭駒次・柳家小ゑん・桂しん吉・桂梅團治
鉄道をつくる人たち――安全と進化を支える製造・建設現場を訪ねる　川辺謙一
「鉄道唱歌」の謎――〃♪汽笛一声〃に沸いた人々の情熱　中村建治
青函トンネル物語――津軽海峡の底を掘り抜いた男たち　青函トンネル物語編集委員会／編著